东篱子◎编著

清朝那些事儿

中国华侨出版社

·北京·

图书在版编目 (CIP) 数据

清朝那些事儿 / 东篱子编著 .—北京：中国华侨出版社，
2006.11（2025.1 重印）
ISBN 978−7−80222−222−9

Ⅰ . 清… Ⅱ . 东… Ⅲ . ①中国 – 古代史 – 清代 – 通俗
读物 Ⅳ . K249.09

中国版本图书馆 CIP 数据核字（2006）第 133200 号

清朝那些事儿

编　　著：东篱子
责任编辑：刘晓燕
封面设计：胡椒书衣
经　　销：新华书店
开　　本：710 mm × 1000 mm　1/16 开　　印张：12　　字数：143 千字
印　　刷：三河市富华印刷包装有限公司
版　　次：2006 年 11 月第 1 版
印　　次：2025 年 1 月第 3 次印刷
书　　号：ISBN 978−7−80222−222−9
定　　价：49.80 元

中国华侨出版社　北京市朝阳区西坝河东里 77 号楼底商 5 号　邮编：100028
发 行 部：（010）64443051　　　　　　　传　真：（010）64439708

如果发现印装质量问题，影响阅读，请与印刷厂联系调换。

前　言

为什么努尔哈赤不算是清朝的第一任皇帝？

皇太极年纪轻轻，为什么会突然驾崩？

超级强悍的多尔衮为什么没有将顺治取而代之？

顺治皇帝真的是从一而终的痴情男吗？

一生学习西方科学、有能力成为千古一帝的康熙皇帝吗，为何没能把清朝引向现代文明？

雍正替他父亲康熙处理了多少烂尾工程？背下了多少骂名？

乾隆为什么执意去江南巡游？

清朝的铁帽子王门，命运走向究竟如何？

功臣和名臣，有多少人能够得以善终呢？

那些不甘寂寞的后妃和公主演绎了哪些后宫韵事？

研读清史，我们窥见了帝国兴衰存亡的幕后悲歌——骨肉相残的切肤之痛、权宦迭起的深重之恨、奸佞横行的愤怒之火、流寇肆虐的苍凉之殇，加之朝堂之上纷扰不断的派系倾轧，强敌环伺的虎视眈眈，那曾经的锦绣山河，终沦为一地鸡毛，可悲可叹。

《清朝那些事儿》一书，以人性为钥，解锁历史；以趣味为笔，将近三百年的大清王朝史事娓娓道来。此书摒弃了枯燥冗长的叙述方式，在尊重史实的基础上，以幽默风趣却蕴含智慧的言辞，调侃轻松而不失庄重的语调，讲述着几百年前的华夏往事。它深入历史事件背后，探寻历史人物内心的真实情感，用史实映照人性的复杂与诡谲。透过历史的重重迷雾，解构历史人物，以人性洞察历史，还原那些真实的过往。

目　录

第二章　这昭昭盛世，多少隐情，多少意念平 // 059

第六章

臣轨：皇权独尊时代臣子的闪耀与没落 // 145

第一章

末路逆袭：东北小王子的复仇之路

爸爸——那个怕老婆的东北男人

公元 1559 年 2 月的某一天，天生异象，新春的东北大地突然寒风呼啸，转眼间飘起了鹅毛大雪。在今天的辽宁省新宾县永陵镇，建州左卫一个小部落酋长家里，已经怀胎十三月的喜塔腊·额穆齐皱着眉头叹气道：

"儿啊，你快出来咱们一家团聚吧，你再不出来，就成哪吒啦！"

也许是母子连心，有所感应，在母亲的声声呼唤下，努尔哈赤一声娇啼，出生了。

努尔哈赤出生时，他的爷爷觉昌安任职明朝建州左卫都指挥使，他的爸爸塔克世也在为老朱家做事。彼时，他们是堂堂正正的公务员家庭，是大明朝的忠实臣子。

努尔哈赤小时候到底有没有像历代汉人帝王一样，经历各种各样的离奇之事，并不见载于史册，只知道他和现代大多数东北 70 后、80 后的孩子一样，喜欢上山打松子、摘榛子、挖蘑菇、采木耳，然后再把这些山货拿到集市上，与汉人、蒙古人进行市场交易。只不过，我们采山货换钱是为了买冰棍、打游戏，努尔哈赤则是为了更好地生活。

这段时期，努尔哈赤的生活很简单，正因为简单，他也很快乐。

然而，快乐的时光总是很短暂，人生的沉重却如同深渊。

努尔哈赤 10 岁那年，生母喜塔腊氏不幸去世，作为一个正值壮年的男人，努尔哈赤的爸爸塔克世终归没能耐得住寂寞，又闪娶了海西女真首领的养女那拉氏为妻。从这时起，努尔哈赤的好日子也就到头了。

首先我们必须承认，继母不好当，哪怕是对继子继女有一丁点的无心之失，都会被吃瓜群众用高倍显微镜无限放大，然后成为街头巷尾的谈资，承受千夫所指，这绝对是普天下最出力不讨好的苦差事。

但我们同时也看到，有很多继母都是真善美的化身，她们在别人的孩子身上将母爱展现得淋漓尽致，甚至为了更好地养育继子，选择不生自己的孩子。

不过努尔哈赤没有这样幸运，他的继母那拉氏心胸狭隘、刻薄自私，时刻恨不得拔掉努尔哈赤这棵肉中刺。

那么问题来了，努尔哈赤的爸爸眼睁睁看着自己的子女受虐待，他就可以做到无动于衷吗？

是的，他只能无动于衷，因为他怕老婆。当然，这里也有个前因后果。

多年以前，元朝灭亡以后，努尔哈赤的六世祖猛哥帖木儿因为在东北地区很有名气，被朱棣任命为建州卫都指挥使，后又因功升职为建州左卫右都督。当时，他们家的势力在东北地区首屈一指，只可惜，猛哥帖木儿没多久就死了。

猛哥帖木儿死后，建州女真内部分裂，变成了三个卫，李满住领建州卫，董山掌建州左卫，范察掌建州右卫。建州三卫虽然相互间时常有摩擦，但对外也称得上同仇敌忾，毕竟终究是一家人。这一时期的建州女真共同发展，逐渐壮大。

壮大后的建州女真人开始有小脾气了！觉得大家都是黄种人，凭什么我要受你汉族人的欺负？于是屡犯明朝边境。

明宪宗朱见深一忍再忍，忍无可忍，一声令下：镇压！

建州女真遭遇了毁灭性的打击，建州卫李满住父子及一万多民众被杀，建州左卫董山及二十余员战将也被斩杀于广宁城。建州女真衰落了。

此消彼长，建州女真倒下去了，海西女真却站起来了。

海西女真哈达部，其首领王台对明朝极为恭顺，非常完美地扮演了明朝小弟这个角色，被明朝封为龙虎大将军、右柱国，一跃成为东北地区最大的女真势力。

努尔哈赤爸爸娶的这个第二任夫人，就是哈达首领王台的养女，得罪不起。

所以眼见亲子遭到虐待，努尔哈赤爸爸也只能忍气吞声，反正孩子也多，睁只眼闭只眼吧。

努尔哈赤就这么一直忍受着……

努尔哈赤到了青春期，开始压制不住自己的叛逆心理，对于继母的刻薄忍无可忍，终于带着弟弟舒尔哈齐离家出走，投奔了亲姥爷王杲。

然而，姥爷对自己再好，也终究不如亲生父母，更何况，姥爷好，姥爷的小老婆和她们的孩子们不见得就行，失去母爱的努尔哈赤像根野草，在寄人篱下的日子里随风飘摇。

被不靠谱的姥爷当成弃子

现在咱们再说说努尔哈赤的姥爷王杲。王杲很不简单，在当时也是个响当当的人物。

史书上说他从小就很狡猾，长大后通晓多种语言，为人精明，作风彪悍，而且运筹帷幄，神机妙算。因为拥有非常突出的才能，遂被族人推举为首领。

大约从公元 1554 年起，王杲趁嘉靖皇帝朱厚熜忙着炼丹嗑药，以古勒寨（今新宾县上夹河镇一带）为根据地，不断扩充势力，做大自己，渐渐成为建州女真的第一号人物。

历史总是惊人的相似。

历史上，中原朝廷与边境少数民族从来就没有真正和谐过。朝廷希望边民很乖、很听话，按时送美女和银子，而边民虽然被迫服从，可一旦稍微强大，便不肯再买朝廷的账了，双方一言不合，就相撕风雨中，由此演绎出无数惊心动魄的故事。

王杲强大了，那颗不安分的心也开始越发骚动，时不时地就在边关捣乱，搞得明朝再无宁日。

当然，若真较起真来，王杲显然不是老朱家的对手，但这个时候的明朝正在走下坡路，朝内的破事已经搞得皇帝焦头烂额，因此不愿意轻易动干戈。

王杲同志正是瞅准了这一点，才动辄纵兵烧杀抢掠，他也不跟明朝死磕，目的不过是为了向明朝敲诈勒索，骚扰一下就讲和，你给好处我就撤。

这期间，海西女真也帮了建州女真不少的忙，王杲同志与明朝对峙示威要好处的时候，王台也会派人过去站队凑人数，不帮忙打架，就捧场。

努尔哈赤的爷爷觉昌安一开始也站队亲家王杲，因此还上了明朝的黑名单。

觉昌安害怕再这样搞下去，自己会搞得家破人亡，便暗中背离王杲，派部下王胡子、李麻子等人到抚顺关，表示悔过。从此以后，努尔哈赤的爷爷和爸爸便跟努尔哈赤的姥爷玩起了无间道，暗中协助明兵设计捉拿王杲同志。

只是觉昌安怎么也没想到，哪怕自己已经背信弃义，还是没能改变结局。

后来，因为王杲同志闹事的次数太多了，明朝廷实在没了和他虚与委蛇的好心情，不再接受王杲的讲和（敲诈勒索），态度变得越来越强硬。

从那时起，海西王台对建州王杲的态度也有了明显的变化。面子上，他说得过去，依然愿意为哥们站队，以虚张声势，但他不会真的为了王杲对抗大明，毕竟，这触及了海西女真的根本利益。

公元1572年冬，抚顺地方长官贾汝翼召集女真各部首领到抚顺开会。

会上，贾汝翼很蛮横地表示：从今以后，女真各部出口的马匹必须膘肥体壮，否则不准入市。

而且，他还让女真的各位大佬站在台阶底下，长时间听他大声训话。

遭受这种受气待遇，王杲同志来了小脾气，不等会议完毕，便起身拂袖而去。

王杲回到自己的地盘，把女真各部大佬一起约来，大骂贾汝翼目中无人，不是个东西，并与各位老大"椎牛盟誓"，大家说好要给明朝点颜色瞧瞧。

明朝官员见王杲愤而离席，心说大事不妙，急忙采取应急措施，不怕一万，就怕万一。

一方面，他们命令海西王台出兵建州，给王杲制造压力，让他不敢轻举妄动。

另一方面，他们派人转告王杲：你如果再搞事情，我们将全面关闭抚顺马市！

关闭马市这一招非常狠毒，用现在的话说就是"经济制裁"。

明朝的时候，朝廷在与边民地盘接壤的地方开设了不少"马市"。边民们用马匹及当地特产，到马市上做交易，换取他们生活必需的盐、铁、布匹、粮食等产品。一旦明朝关闭马市，他们的生活将立刻受到严重伤害！

王杲眼见自己的小细胳膊拧不过明朝的粗大腿，为了不使自己的族人受苦受难，只好亲自带领自己的小弟们到抚顺关谢罪道歉。

但是，一波还未平息，一波又来侵袭！

公元 1574 年 7 月，建州女真奈儿秃等 4 人跑到抚顺关投降，王杲部将来力红为了报复明朝，一怒之下抓走 5 名明军哨兵。抚顺守将裴承祖带 300 兄弟去跟王杲要人，结果被王杲绑了起来杀掉。

这件事情，王杲同志可干得太离谱了！

消息传到京城，举朝为之震惊：打狗还得看主人呢！一个小小的地方势力老大，竟然敢不把中央政府放在眼里，如果不灭了他，大明还有何威严统领天下？！

于是，公元 1574 年 10 月初，辽东总兵李成梁亲自带兵开出抚顺关，将王杲大本营古勒寨团团围住，十日，李成梁以火攻大破古勒寨，烧死、砍死一千多女真人。

王杲并未坐以待毙，脱逃而去。

逃亡路上，王杲不敢在女真诸部停留，因为他知道，女真各部虽然都对明朝心怀不满，但没人愿意拉开架势与明朝对着干，更不会有人愿意为他这个"外人"以身犯险，在利益面前，所谓交情，薄得可怜。

所以，王杲只能去投奔唯一有能力窝藏并庇护他的"好兄弟"——海西女真王台。

然而，王杲是过分高估了他与王台的交情，王台假意收留，突然暴起，带人抓了王杲全家，并送给明朝边军以示恭顺。

兄弟和利益，有时选择起来，并不是一个难题……

最终，王杲被打进囚车，押送到北京。

那时候的万历皇帝朱翊钧刚刚上任不久，还是个精神小伙儿，体重还没有增长上来，所以小腿还没有被压变形，也没有躲在深宫中千呼万唤终不出来，他亲自处理了王杲，将其分尸。

李成梁火攻古勒寨的时候，努尔哈尔和他的弟弟舒尔哈齐都在古勒寨中，王姥爷跑的时候，并没有带上他们哥俩，甚至连招呼都没打一声，看来亲孙子和外孙子，多少还是有些差别的。于是，兄弟俩双双成了别人的俘虏。

努尔哈赤眼见小命就要不保，突然眉头一皱，计上心头。

这一年，努尔哈赤 16 岁。

九死一生，红颜助逃总兵府

却说李成梁大军攻破古勒寨，许多女真人都被杀了，可努尔哈赤和舒尔哈齐不知道想出了什么办法，成功引起了明朝官兵的注意，获得了个刀下留情的特权，被带到李成梁面前。

来到李成梁面前，努尔哈赤哥俩当即就给李成梁跪了，抱着李成梁的马腿但求一死，言辞非常恳切，痛哭而且流涕，场面相当感人。

现在问题来了，别人都是危在旦夕苦苦求饶，为什么努尔哈赤哥俩苦苦求死呢？

这正是他们哥俩的聪明之处——走别人没走过的路，反其道而行之。

首先可以确定的是，按照明朝的法律，这哥俩是一定有罪的。他们的姥爷"罪大恶极"，他们又住在姥爷的大本营里，怎么看都是帮凶无疑。

既然摆脱不了罪名，那么狡辩又有何用？还不如来个认罪态度良好，先在李成梁面前拿下些许印象分。

接下来他们苦苦求死，可能连李成梁都被弄懵了，心说这俩小子葫芦里卖的什么药？于是在好奇心的驱使下，李成梁很愿意听他们继续讲下去。

可以推测，努尔哈赤当时的话一定说得很得体，李成梁又考虑到他们是建州左卫都督觉昌安的亲孙子，将来在安抚建州女真方面或许会起到一定的作用，于是放过了他们，并把努尔哈赤留在了身边。也许是真的欣赏他，也许是想把他当成人质。

后来，李成梁因为军功卓著，屡屡升迁，成了辽东地区最有影响力、最具实权的人物，既然是"大人物"，在那个年代，女人肯定不止一个两个，李成梁身边一定是妻妾成群。

民间传说，在李成梁的众多妻妾中，有一位叫喜兰的女子，与努尔哈赤上演了一段唯美、惹泪的爱情故事。

我们先来看看这个传说：

在封建社会，普通女人的地位十分卑微。李成梁的小妾，多是抢来的，或是别人送的，或是战役中俘虏来的，反正唾手可得，并不太受重视。

努尔哈赤身为李成梁的亲兵，出入内室是常有的事，因而经常与喜兰见面。

李成梁女人很多，喜兰在他心中并不是白月光，因而经常独守空房。

努尔哈赤年轻英俊，一表人才，天生自带迷人气质，惹得喜兰芳心纵火、情海翻波。

努尔哈赤此时还是个青春冲动的毛头大小伙儿，怎能禁得住美丽少妇的暗送秋波？

一个是伺候人的亲随，一个是伺候人的小妾，同是天涯沦落人，两个寂寞、痛苦的年轻灵魂最终紧紧抱在了一起……

一天晚上，努尔哈赤被要求给李成梁大人洗脚，他非常听话、非常温柔地帮李大人脱下鞋袜，他第一次发现，李大人脚心竟然有三颗红痣，他忍不住惊问道："大人的脚心有红痣？"

一听这话，李成梁骄傲之情溢于言表，忍不住自夸道："本官这三颗红痣是天生贵相，脚踏天宫星宿，你小子哪怕有一颗，也不用干这给人洗脚的下作活了！"

努尔哈赤也是少年轻狂、不知深浅，遭到李成梁的奚落，心里老大不乐意，索性把鞋袜一脱，把大脚丫子往李成梁面前一伸，反驳道："我这有七颗呢！"

李成梁随意瞥了一眼，瞬间就惊呆了——只见努尔哈赤脚底七颗红痣呈北斗七星状排列，隐隐有红光闪烁。李成梁顿时惊出一身冷汗。

夜里，李成梁躺在床上辗转反侧，搁心里暗自掐算："嘉靖三十八年（公元 1559 年），紫微星降于辽东，嘉靖三十八年……这不正是努尔哈赤出生的那一年吗！"

"没错，就是他了！"李成梁一拍床沿，坐了起来，吓得躺在身边的小妾一个哆嗦，忍不住嗔道："大人，什么事情值得您大惊小怪的，吓死奴家了。"

说来也巧，当天侍寝的小妾正是喜兰。

李成梁当时还不知道喜兰已经出轨，便把事情一五一十地讲了一遍。

原来，嘉靖三十八年（公元 1559 年），大明南京紫金山天文台观测到，紫微帝星已经落入辽东。于是连忙上报朝廷，请皇帝想法破之，否则，此人必乱大明。

国家安危，刻不容缓！朝廷立即派出大批风水学专家，到辽东地区观风水、掘龙脉，四处查找身上有七颗红痣的人。本着"宁可杀错，也不放过"的原则，明朝廷在沈阳、辽阳、铁岭等地暗杀了几十人。朝廷本以为后患已绝，没想到正主把七颗红痣藏在了脚下，一不小心给漏掉了！

李成梁当即决定，找个合适的时机，趁着月黑风高，把努尔哈赤给绑了，然后送到京城领赏，想必以后官运会更加亨通。

喜兰得到这个消息，仿佛被五雷轰了顶，但李成梁众多女人之间的相互嫉妒与攻击磨炼了她的胆色与心机。喜兰强作镇定，娇媚起来，哄得李成梁心花怒放、身心舒畅，带着疲倦进入了梦乡。

喜兰趁机悄悄溜出，找到努尔哈赤，告诉他此中种种，并送给他一匹大青马，催促他撒丫子快跑。

性命攸关，努尔哈赤也顾不得儿女情长，离别缠绵，给喜兰重重叩了个头，骑上大青马，带上大黄狗，连夜奔逃。

第二天，李成梁一觉醒来，发现努尔哈赤跑了。不用查，这事儿他只对喜兰一个人说过，一定是这女人走漏了风声！李成梁怒发冲冠，面目狰狞，用小皮鞭将喜兰活活打死，并对努尔哈赤发出官方通缉令。

前途凶险，后有追兵，努尔哈赤走投无路，纵马扎入荒草甸中。

荒草森森，一望无边，倒是个难得的藏身之所。

李成梁寻不到努尔哈赤，怒上心头，心生毒计，下令："放火！烧死这小兔崽子！"

风助火势，火逞风威，百亩草甸刹那间变成一片火海。努尔哈赤急得连忙用手薅草，怎奈势单力薄，如杯水车薪无济于事。说此时那时快，只听一声凄厉吼叫，努尔哈赤饲养多年的那只大黄狗蹿了出去……

只见那狗先是用爪子挠草，直挠得一双狗爪鲜血淋漓，然后又蹿入水洼之中，将浑身毛发皆尽浸湿，接着扑入草甸，翻身打滚……如此动作，周而复始，毫不停歇，硬生生在大火烧来之前，为努尔哈赤打出了一条防火通道。

再看那狗，已然累得气绝身亡。

大火漫过之后，眼见努尔哈赤即将暴露在李成梁部队的视野之下，这时不知从哪飞来了数以百计的乌鸦，"呼啦"一下，直扑努尔哈赤和大青马，瞬间将一人一马完全覆盖。

追兵遥遥望去，草甸子中烟火狼藉，一大群乌鸦似乎正在争食。他们也没去查明真相，渎了个职，转身向李成梁报告："努尔哈赤那小子已经被烧死了，连尸体都被乌鸦给撕了！"

李成梁不疑有他，带着夺妻之恨得报的解恨心情，放心而返。

待李成梁部队渐行渐远，那群乌鸦整齐划一地飞了起来，在努尔哈赤头顶盘旋几圈，鸣叫着振翅远去。

努尔哈赤逃出生天，泪流满面，他跪在地上，怀里抱着爱犬，对青天发誓："倘若有朝一日，我努尔哈赤成就大业，必尊喜兰姑娘为神，天天拜祝；我要爱犬爱鸦，决不许别人伤害它们！"

后来，努尔哈赤成就大业，果然没忘誓言：他封喜兰为紫薇夫人，喜兰成了满族人民的保护神，被尊为"佛朵妈妈"，立神位供奉；为报爱犬救命之恩，他下令所有满族人都不准吃狗肉；大青马也得到了回报，皇太极登基时，改国号为"大清"。

这个传说在辽东地区流传相当广，老辈人讲述起来有声有色，加之《清史稿》上记载："成梁妻奇其貌，阴纵之归"，似乎又给这个传说增添了几分真实性。

但细一推敲，好像又不是那么回事。

列位看官请注意！这时的努尔哈赤已经深受李成梁器重，成了一员爱将，怎么还能干"洗脚"这种内侍的工作呢？

另外，所谓努尔哈赤脚踏七星，多半也和刘邦的七十二黑痣一样，是帝王家为了抬高自家身份，彰显自家造反的合理性，把自己的帝国创始人神化了。

那么问题又来了，如果这个传说有水分，但根据正史记载，努尔哈赤此时正深受李成梁器重，正"厚待之"，随时都有升职的可能，正所谓一片锦绣前程，他为什么又要跑呢？

笔者猜想，事情大概是这个样子的：

李成梁当时已经年过五十，又整日忙于军事，劳心劳力，所以没有时间和精力全面照顾好老婆们的身心感受。

李成梁的老婆们并不是青梅竹马，两小无猜，自由恋爱，所以相互之间没有什么深厚感情。

在这种情况下，一些年轻的、有思想、有性格、有追求的小妾便开始尝试寻找"爱情"了，喜兰便是其中一个。

努尔哈赤应该擅长人际关系心理学，将李成梁哄得团团转，因而获得了在李成梁内府出入的特权。

努尔哈赤长得不错，当时是个精神小伙，喜兰只看他一眼就芳心纵火。

接着喜兰发现，这个美少年不光长相好，而且有才干，关键是长相好有才干的人还爱学习，一本《三国演义》都快被他翻烂了。喜兰心中料定，这美少年日后必成大器，芳心更加深许。

喜兰没有看错，努尔哈赤果然不同凡响，他没用多长时间，便成长成为李成梁手下独当一面的爱将。同时，出入总兵府也更加随意了。

一个是身强体壮、情窦初开的大小伙子，一个是空虚寂寞、温柔多情的美丽少妇，正所谓移干柴近烈火莫怪其燃。终于在一个清风沉醉的晚上，两个人冲破了最后一道藩篱。

然而，世上没有不透风的墙，再厚的纸终究包不住火，他们的事情最终还是走漏了风声，被李成梁知道了。

李成梁一定气疯了：我待你如父子，你竟然动我妻子？！来人呐！把这色胆包天的臭小子活剐了！

喜兰得到消息，连忙去给情郎通风报信，努尔哈赤闻风而动，逃之夭夭。

当然，以上情节只是作者的猜想，当时究竟是个什么情况，恐怕只有当事人知道了。

兵祸连结，横死的父亲与祖父

不管经过如何，总之，努尔哈赤在喜兰的帮助下，成功逃脱了。

不知是为了躲避李成梁的追捕，还是为了躲开那拉氏阴沉的面孔，努尔哈赤并未在家中多作停留，他第二次走出家门，开始了真正的游子生涯。

努尔哈赤重新走进深山，掘人参、采山货、捕鱼猎兽。他也常常走出山林，隐姓埋名出入辽东官市，佣工于大户乃至官府。

就在努尔哈赤为生计奔忙的时候，变故发生了。

却说海西女真的王台虽然因缉拿王杲有功，得到了明朝的封赏，却也在女真内部架起了梁子，失去了民心。

有道是"喝酒称兄弟，患难见真情"，王杲危难之际，谁都不信，一门心思投奔王台，谁承想，多年的老兄弟反手就是一刀，把王杲送上了断头台。

这种表现非常明显的精致利己主义，是为女真人所不齿的，女真诸部反应大小不一，有的人假装什么都没看见，什么都没发生，不说不听不评论，有的人反应则非常大——

比如，王杲的儿子阿台和阿海，立刻分裂出去单干，他们纠集一帮青年打手，继续和明朝械斗。

他们对大明和王台同样充满了仇恨。

另一边，李成梁为了进一步瓦解建州女真，将王杲原来的地盘赏给了努尔哈赤的爸爸塔克世。

明朝廷又大张旗鼓地发布公告，说塔克世是大明朝的好朋友，在讨伐恶匪王杲的过程中做出了重大贡献，咱们的皇帝非常讲究，有罪必罚，有功必赏，特任命塔克世同志为建州左卫总指挥。

这是明晃晃的离间计，但再拙劣的离间计往往也会产生效力，因为人心总是充满了猜疑。

有一天，努尔哈赤的爷爷觉昌安去抚顺城吃酒，归来路过古勒寨。阿台将他"请"进寨中，劝他入伙，一起搅翻大明，觉昌安坚持不从，阿台遂把他非法拘禁。

公元 1583 年 2 月，建州图伦城主尼堪外兰背叛建州女真，引明军进攻阿台驻地。

李成梁统领广宁、辽阳官兵，分两路挺进。一路由他亲自带领，东出抚顺，驰行百里，直捣阿台所居住的古勒寨；另一路由秦得倚带领直奔阿海所居之沙济城。

明军突然而至，阿海猝不及防，城破被杀。

李成梁围困古勒寨，阿台死守城池。双方激战两天两夜，胜负未分。此情此景，令李成梁大为恼火，他怒骂尼堪外兰乱进"谗言"，以致官军劳兵损将。

尼堪外兰邀功不成反受过，惶恐之中，心生一计，他骗守城军民说："太师（李成梁）有令，杀死寨主归降者，可命他为本寨寨主。"

接着，明军士兵也对着城里大声呐喊："投降不杀！"

经过两昼夜激战，身体疲惫、内心恐慌、士气低下的古勒寨人开始动摇。有人趁乱杀死阿台，打开城门，军民纷纷出城投降。

然而，李成梁面对放下武器的古勒寨人，并没有遵守诺言，他为了泄愤大开杀戒，共杀害男女老幼 2200 余人，又一把火将古勒寨化成灰烬。

当李成梁部队进攻阿台、阿海驻地时，塔克世为了营救父亲先明军一步入城，以致父子双双被困在古勒城中。明军破城以后，觉昌安被大火烧死，塔克世也被明兵砍了，父子二人都死于这场战祸。

这一仗，努尔哈赤死了 N 多个亲戚，包括他的爷爷和爹爹，而且王杲这一脉全是努尔哈赤的亲戚，这要按人头算，努尔哈赤说七十大恨也不为过。

噩耗传来，努尔哈赤瞬间汗毛炸开！他二话不说就去找李成梁报仇了吗？并没有！

当时，李成梁手握几万兵马，努尔哈赤只有十三副铠甲，这要是去茬架，李成梁能分分钟送努尔哈赤去见他爸爸。

在力量悬殊的情况下，非要拿鸡蛋往石头上砸，不是真傻，就是真太傻。

无须考证，努尔哈赤一定不傻。

但是，受到这么大伤害，难道就夹起尾巴装怂认栽？那不可能！

东北汉子有讲究：头可断，血可流，面子绝对不能丢！

于是努尔哈赤传话李成梁，说："李总，给个面子，睁只眼闭只眼，让我弄死尼堪外兰。"

努尔哈赤为了不让自己死无葬身之地，决定先不跟李成梁撕破脸皮，但就这么认怂岂不是颜面扫地？这要是传扬出去，我努某人还怎么混辽东这一亩三分地？！于是，他杠上了李成梁的跟班小弟，想拿怂恿明军攻城的尼堪外兰出口恶气。

说来倒霉，李成梁一点面子都不给，还很不客气地警告他：

"尼堪外兰即将成为建州女真的大当家，你最好老实一点吧！"

"另外，喜兰这笔账我还没跟你算呢！"

努尔哈赤的眼中泛起了一抹血色……

明朝廷万万没想到，这个毫不起眼、在女真内部根本排不上号的努尔哈赤，最后竟成了他们的掘墓人。

远交近攻，在明朝纵容下暗自发育

现在，建州女真的"大人物"都死得差不多了，努尔哈赤这个"无名之辈"也终于得到了雄起的机会，无名之辈归无名之辈，努尔哈赤已经逐渐显露出了一代雄主的特质。

松花江流域，黑、吉地区，海西女真腹地，王台的众叛亲离促成叶赫部的发展壮大，弟兄越来越多。

本来就王台的影响力而言，海西女真扈伦四部的实力此消彼长倒也没什么，都是自家力量，只要大家紧紧团结在一起，外人就不敢打鬼主意。

但王台办的破事儿，大家嘴上不说，心里却都看不惯，王台的威信暗中急转直下，扈伦四部互生间隙，这样的实力跌涨就会给外部力量提供乘虚而入的机会，比如，努尔哈赤。

公元1583年5月，那天的朝阳带着一抹血色。被仇恨折磨许久的努尔哈赤怒吼一声："兄弟们，干吧！"开始了他的战斗生涯，装备只有十三副铠甲和百十号人马。

就这个规模，说是起兵，看上去更像是打群架。

不过，在努尔哈赤崛起之初，靠的就是好勇斗狠，手里有几十个人就敢去别人地盘挑衅，以少胜多倒也是家常便饭。

据载，努尔哈赤有一次以绵甲五十、铁甲三十，硬杠尼堪外兰的八百死士，胜利班师！

以一敌十，所谓战神，也不过如此！

鉴于努尔哈赤这么勇猛，李成梁的第五子、抗倭名将李如梅不得不给大明提个醒，他说：

"努尔哈赤这臭小子，你给他七千精兵，足以抵挡倭奴十万！他哪怕带十个人去砸场子，一城人都得吓尿裤子！西北虽有蒙古兵作乱，但远不及东北努尔哈赤为患！大哥！你们可都长点心吧！"

果然，努尔哈赤没有辜负李如梅的真心表扬，好好学习，天天向上，天天打仗，地盘不断扩张，势力急剧膨胀。

从 1583 年 5 月起兵那天开始，努尔哈赤便以报仇为名，率"正义之师"，对尼堪外兰不断进行征讨。

说是征讨，还不如说是追杀，尼堪外兰实力不行，后期一直在逃命。

而努尔哈赤说是报仇，其实目的也不单纯，他一边报仇，一边兼并各地零散势力，默默为崛起积攒实力。

公元 1586 年 7 月，努尔哈赤得知尼堪外兰藏身在抚顺市东浑河畔的鹅尔浑城，立即率骑兵星夜兼程赶到该地。攻进城后，努家军四处搜查，就是不见尼堪外兰身影。

原来，这家伙事先得到消息，吓得魂飞魄散，慌忙逃命，只身窜到抚顺城，苦求守边明将庇护。

努尔哈赤立即派人前去与明朝交涉，强硬要求："立即交出尼堪外兰，否则我必血染大明半边天！"

此时此刻，努尔哈赤已然鸟枪换炮，今非昔比，是凶名在外的一方霸主，说起话来非常有底气。

明朝养虎为患，自食苦果，不敢轻易拒绝努尔哈赤，害怕事态扩大。最后经过商讨，一致决定：弃车保帅！放弃尼堪外兰！

努尔哈赤害怕明朝给自己设局，就派手下一名将官带 40 名亲兵前去试探，明朝果然没敢食言。

当努尔哈赤看到仇人的头颅时，他笑着笑着就哭了，哭着哭着又笑了……他的大仇终于报了！

努尔哈赤起兵以复仇而始，却并没有以复仇而终。

在古龙、梁羽生的武侠小说里，我们见惯了武林侠客为复仇苦心修炼、手刃仇敌的故事。但努尔哈赤不是一般的侠客，他天生就是个枭雄，这就注定了复仇的终结只是他个人大业的开端。

当然，对于明朝的恨，努尔哈赤始终没有忘记，但鉴于实力的差距，他并没有急于向大明龇牙递爪子，从这点来看，努尔哈赤的智慧至少要甩阿台八条街。

那么，大明这个时候在干什么？

公元 1583 年至 1588 年间，李成梁对海西四部，尤其是哈达部和叶赫部，发动了三次屠杀式大进攻，导致四部受损严重，李成梁为努尔哈赤兼并海西女真打下了坚实的基础！

是不是觉得这句话听起来怪怪的？

努尔哈赤的急速扩张，明朝虽然有纵容之嫌，别人可没那么心宽。

努尔哈赤建州女真的壮大，引起了海西女真的害怕。海西四大部族哈达、叶赫、乌拉、辉发，凑一起一商议——干他，消灭他于萌芽！

于是乎，海西四大部族联合长白山朱舍里、讷殷二部，蒙古科尔沁、锡伯、卦尔察三部，结成九部联军，号称兄弟三万，浩浩荡荡杀向建州。

这是一场生死攸关的大战！尽管努尔哈赤自起兵以来天天拍板砖，但还从来没有经历过这么大的场面，况且兄弟只有对方的一半，劣势明显。

为了赢得这场战争的胜利，努尔哈赤对敌人进行了细致的摸底，反复思忖破敌之计，然后猛地一拍桌子，大喊："睡觉去！"

这就是天生的王霸——我不管你带多少人来约架，要是睡不着觉就算我输了！脑袋掉了碗大个疤，努尔哈赤我不害怕！

第二天，努尔哈赤做完战前鼓励，派一小撮兄弟前去诱敌，然后依据险地，打了一个漂亮的伏击，还把叶赫部的首领布斋劈得身首分离。

九部联军也是貌合神离，心里都有"死道友不死贫道"的算计，为了保全自己的实力，纷纷策马逃离。

努尔哈赤见九部联军就这点出息，旋即将战斗的号角吹起，霎时间伏兵云集，骑涛呼啸，矢石如雨，杀得九部联军人头遍地、血流好几里！

经此一战，女真内部发生巨变，哈达、辉发两部严重损员，势力大减，只能眼睁睁看着建州、叶赫、乌拉形成"三足鼎立"的局面。

这种局势下，努尔哈赤眉头微微一挑，决定近攻远交，继续麻痹明朝。

当时，明朝爆发了抗倭援朝战役，努尔哈赤一面说小弟愿意赴汤蹈火在所不惜，一面趁着大明辽东兵力空虚，疯狂发展自己的势力。

兼并四部，从此辽东一家独大

努尔哈赤完成人头收割，从此更是威名远播，附近大小团伙谁见了他都得说："小弟服了，我的哥！"

扈伦四部也是同时派出使者，向努尔哈赤求和。努尔哈赤主动要求结亲女真第一美女——东哥。

东哥的父亲，就是叶赫部的首领布斋，被努尔哈赤大军劈了的那个。

杀父之仇不共戴天，东哥怎么可能嫁给自己的杀父仇人呢？她不但拒绝了这门婚事，而且咬牙切齿指天发誓：

"谁能干掉努尔哈赤，我就做他的忠诚妻子！"

努尔哈赤杀人老爸还想娶人女儿的疯狂想法，不得不暂时搁浅了。

努尔哈赤在统一建州女真以后，对海西女真采取了一拉一打，逐个击破的策略。

他的第一个兼并目标是距离建州最近的哈达部。哈达部与叶赫部虽然同属海西女真，但是两家有世仇，形同水火，动不动就干架，都想把对方势力从海西的版图上抹下去。

哈达部自王台死后，陷入内乱，王台的儿子们为了争夺继承权，兄弟操戈，内耗得不成样子。哈达贝勒孟格布禄好不容易才将局面稳定下来，叶赫部又来绞杀。为了能够生存下去，哈达部只好向努尔哈赤求助。

努尔哈赤派费英东、噶盖二人统兵两千援助孟格布禄。

叶赫部害怕建州女真与哈达部强强联合对自己不利，想出一个坏主意——他们牺牲东哥祭出美人计，表示只要孟格布禄对努尔哈赤的援兵反戈一击，叶赫部就和哈达部建立长期盟友关系，并让东哥与孟格布禄结为夫妻。

孟格布禄也是早就垂涎东哥这位女真第一美女，导致色令智迷，竟然不顾江湖道义，欣然同意。

孟格布禄心中窃喜，正准备给叶赫部送上彩礼，叶赫部却悄悄放出消息，辽东大地瞬间风云迭起！

努尔哈赤的求婚虽然被东哥固拒，但在他心里，东哥只能做自己的娇妻——纵然我得不到你，也决不能让你和别人在一起！

况且，你孟格布禄刚刚可怜兮兮地求我救助，诚恳表示愿做我的小弟，转身就想对我搞偷袭，还想得到我的妻，我不灭掉你，还怎么混辽东这一亩三分地？

于是，努尔哈赤亲自率领部队找孟格布禄要说法，血战六日，哈达灭。

辉发部的覆灭，也跟东哥有很大关系。

辉发贝勒拜音达里在爷爷王机砮死后，痛下杀手，干掉七个亲叔自己上位。

杀伐之下导致众叛亲离，辉发部很多部众对拜音达里表示不服，纷纷去投奔了叶赫部。

刚刚上位根基不稳的拜音达里没有底气去找叶赫部要人，于是他想到了努尔哈赤。

为了表示臣服，拜音达里将自己的儿子送到建州女真当质子。

努尔哈赤大手一挥："出兵！"拜音达里得以收复很多失地。

这个时候，叶赫部又故伎重施，拜音达里很快地便成了第二个孟格布禄。

第一次，叶赫部只是想简单忽悠拜音达里，对他说："你把儿子转交给我，我就把叛徒归还给你。"

拜音达里背叛努尔哈赤，把儿子送去叶赫部当人质，但叶赫部并未履行诺言，归还他叛徒和地盘。

拜音达里一看被忽悠了，立马来个二回头，去找努尔哈赤认错，并表示愿娶努尔哈赤的女儿为妻，从此辉发部就是建州女真的女婿。

努尔哈赤原谅了他，并答应下这门婚事。

叶赫部发觉情况有变，于是也来了个二回头，再次找到拜音达里，筹码变成了女真第一美女。

叶赫部假意要将东哥嫁给拜音达里，说只要你同努尔哈赤恩断义绝，我们就让东哥给你当媳妇生孩子。拜音达里为美色所惑，陷落了。

努尔哈赤非常愤怒——当初你信誓旦旦要做我的女婿，现在一转身就想娶你未过门的丈母娘？你也太猥琐了吧！努尔哈赤没有再给辉发部一丁点的机会，大军一过，辉发部没了。

乌拉部首领布占泰也想娶东哥，布占泰原本就与东哥有婚约，只是婚事被九部联军攻建州事件给耽搁了。

当初，九部联军被建州女真击溃，布占泰在战乱中被俘，努尔哈赤将他"恩养"3年，还将女儿嫁给了他。3年后，布占泰的哥哥、乌拉部前任国主满泰被杀，乌拉部发生内乱。努尔哈赤瞅准时机，将布占泰送回乌拉部，并帮助他当上新任国主。

布占泰为了报恩，将侄女嫁给努尔哈赤，这个女孩就是后来的大妃阿巴亥。

如果事情就这样发展下去，那么努尔哈赤是无论如何也不好意思无端对自己的叔丈人兼四女婿下死手。可是布占泰有心结，他始终放不下东哥。

叶赫部为了分裂乌拉部与建州女真的关系，再一次祭出东哥，让布占泰按照之前的婚约速来迎娶东哥，布占泰春心大动。

努尔哈赤采取小规模军事行动，对布占泰发出惩戒，警告他不许再打东哥的主意。但布占泰满脑子都是东哥的美丽与婀娜，哪还有心情听努尔哈赤说什么。

于是，乌拉部又"折"在了东哥手上。

乌拉部被灭掉以后，布占泰逃亡到叶赫部，叶赫部人性觉醒，顶着建州女真的压力收留了他，但面对这个家道中落、事业破产的男人，他们最后还是悔了婚。不久之后，布占泰郁郁而终。

叶赫部仗着有大明官方保护，继续花样作死，强迫东哥嫁到蒙古喀尔喀部。

公元 1615 年，33 岁的东哥远嫁蒙古，被称为"叶赫老女"，努尔哈赤虽然心头火起，吃醋不已，但鞭长莫及。第二年，东哥在忧郁中死去……

东哥死后，努尔哈赤确立八旗，将辽东割据，自立为汗，国号后金，建元天命。随后发布"七大恨"，正式向明朝宣战。

其中有一条——"明越境以兵助叶赫，俾我已聘之女，改适蒙古，此恨四也！"意思是说，因为明朝偏帮叶赫，使我未婚妻成了别人的老婆，我努尔哈赤还能忍吗？

带着这种绿色的心情，努尔哈赤开始讨伐大明。明朝也很快做出回应，写信纠集朝鲜、叶赫共同围剿金兵，这就是著名的萨尔浒战役。

萨尔浒之战，努尔哈赤面对以明朝为主的四路大军，并没有分兵迎击，而是采取"不管你几路来，我只一路去"的作战策略，集中优势兵力一个一个予以迎头痛击。

　　这次战役，努尔哈赤充分显示了他卓越的指挥才能，后金将士团结一致，一往无前，令行禁止，整齐划一。五天之内，后金接连在三个地点进行了三次大战，战斗前部署周密，战斗中奋不顾身，速战速决后迅速脱离战场，立即投入新的战斗。明军被杀得丢盔弃甲、鬼哭狼嚎，望风而逃。从此在辽东地区，明朝对后金完全丧失了压制力。

　　努尔哈赤趁势一鼓作气，又接连夺下辽东大片土地，叶赫部对后金更是毫无招架之力，只能眼睁睁看着努尔哈赤愤怒地将自己从东北的政治版图上抹去。

　　据说，叶赫城破之时，叶赫贝勒金台石对天发下毒誓："我叶赫那拉氏就算只剩下一个女人，也要灭掉建州女真！如违此誓，万世不得好死！"

　　当时和接下来的很长一段时间，大清的皇族们根本没有体会到这句话的威力，直到200多年以后，这句咒语的威力才开始显现出来。

　　有意思的是，也有人说这个诅咒是叶赫贝勒布扬古立下的。

　　不过，到底有没有这个毒誓，这个毒誓到底是谁立下的，如今已经无从考证。

　　这就是"一女灭四国"的故事。

　　东哥也因此和历史上的很多女人一样，因为美丽，遭受了不公正待遇，被说成是红颜祸水，可是，美丽难道就是原罪？

第二章

兄弟们，操家伙！
随我入关

群英汇集，皇太极一枝独秀

历代帝王在选继承人这个问题上都非常伤脑筋，因为这关系到国家的兴衰存亡，如果一不小心选了一个败家子，那么二世而崩也不是不可能的。

努尔哈赤晚年也遇到了这个问题——儿子这么多，个个都不错，应该选谁呢？

有人说，肯定内定的是皇太极啊，看名字就知道了。你看这名字起的，以"皇"为名，太极生两仪，两仪即天地，简直不要太威武霸气。

实际上，大家想多了。

"皇太极"这三个字其实是由满语音译过来的，也写作"黄台吉"。"台吉"在女真是一种称谓，和贝勒、贝子的性质差不多，在女真贵族的称呼中非常常见，就是一个向往美好、高贵的普通名字而已。

皇太极的其他音译还有："洪太主"、"红歹是"，听听这些名字，再看看"皇太极"这三个字，是不是嗅到了一丝乡土气息？

据说，"皇太极"这个名字，还是乾隆为了美化老祖宗才最终确定下来的，然后便沿用至今。现在所有的历史教材中对于这个人名就逐渐统一了。

不过还有另一种说法，说是皇太极登上汗位以后，有人过来拍马屁，说您的名字发音跟汉人的皇太子很像，说明您命中注定就是大汗。皇太极听了很高兴，大赏拍马者，从此"黄台吉"这个名字的汉文就写成了"皇太极"。

总之，努尔哈赤当初给皇太极起名时，真的没有内定他继承大统的意思。

不过，皇太极可不这么想。

皇太极年少时虽然是庶子，但这并不影响他的野心膨胀。

皇太极人小鬼大，早年间便刻意与德格类、济尔哈朗、岳托等小贝勒们打成一片，有意无意地结成小团伙。

努尔哈赤如此老谋深算，焉能不明白皇太极的心思。

所以在处理皇太极、德格类、济尔哈朗、岳托都牵涉其中的吴尔古岱受贿案时，他虽没有严惩众人，但对皇太极痛加训斥，直接指出"你想当大汗是吗？"

努尔哈赤还发现皇太极有一个臭毛病，就是每次众贝勒议事之后，几个小贝勒都会簇拥着皇太极，送他回家，皇太极也会欣然接受他们的大献殷勤。

努尔哈赤认为，皇太极这是有意在自己的小团伙中树立威信，这种行为很过分，令他感到很伤心，他说："你是我和哲哲唯一的孩子，所以我对你非常宠爱，可是你的贤德何在？你做的事简直太愚蠢了！"

这大概是努尔哈赤对皇太极最不满的一次，但并没有重罚他，只是罚了他10两金子和300两银子。

或许从这时起，努尔哈赤就预见到自己的儿子们会因为争权而同室操戈。为了使他们尽量不要骨肉相残，公元1625年，他带领众子侄一起对天焚香发誓："吾子孙中纵有不善者，天可灭之，勿令刑伤，以开杀戮之端。"

当时，被要求发誓的人有代善、阿敏、莽古尔泰、皇太极、德格类、济尔哈朗、阿济格、岳托等人，很明显，努尔哈赤是想用誓言约束他们，让他们不要相互残杀。

但事实上，在这方面，努尔哈赤本人就做得不好，他的弟弟舒尔哈齐和大儿子褚英都死在了他的手上。

兵败宁远，谜一样的死因

公元 1625 年，后金天命十年，大明天启五年，大明官方决定从山海关退兵，却有一人抗旨不从——吾宁为玉碎，也不撤退！

这个人，就是袁崇焕！

他说："兵法讲，有进无退，锦州等三城现在形势一片大好，怎么能说不要就不要了呢？锦州、右屯一出问题，宁远、前屯就很危险，山海关的门户也会失去屏障。现在我们只要派良将把守要地，就不会有什么问题。"

主管辽东军事的兵部尚书高第说不可以，并且又决定将宁远和前屯的兵力一起撤离。

袁崇焕表示："我是宁远的军事长官，誓与宁远共存亡！要走你们走吧，我死也不当'袁跑跑'！"

高第说服不了袁崇焕，就将锦州、右屯、大小凌河与松山、杏山、塔山等处守将全部撤走，将军队全部调回关内，丢弃军粮十余万石，沿途死亡者不计其数，哀号千里，哭声震天。

次年，努尔哈赤亲率大军13万，发誓要踏平只有1万守军的孤城宁远。宁远城在风中凌乱，明朝廷在一旁袖手旁观，袁崇焕枕戈待旦……

一路上，努尔哈赤的八旗铁骑所向披靡，锐不可当，连续攻克锦州、凌河、杏山、连山、塔山等地，这更使努尔哈赤雄心膨胀。

努尔哈赤派人给袁崇焕送去招降书，谎称自己有大军20万，表示自己拿下宁远城只是时间问题，希望袁崇焕不要再做无谓的抵抗，如果及早投诚，高官厚禄美女任他选。

袁崇焕只告诉他："城在人在，城亡人亡！"

袁崇焕的回答让努尔哈赤很没面子，他怒不可遏，发誓一定要把袁崇焕千刀万剐。

大兵压境的努尔哈赤意气风发，在他看来，这场仗简直太稳了——袁崇焕，你就等着努爷把你踩在脚下，狠狠摩擦吧！

然而，他被"黑科技"狠狠地扇了一个大嘴巴！

努尔哈赤来到宁远城下，他亲自指挥大军攻城。随着一声震撼人心的号角响起，八旗兵蜂拥而上。

与此同时，宁远守军震耳欲聋的大炮声也在城上炸响，颗颗炮弹砸向后金大军，不断有人体碎裂，血肉横飞。

激战自清晨持续到深夜，城上城下的士兵都在狂呼中酣战。努尔哈赤自起兵以来，第一次遭遇如此顽固且剽悍的抵抗，暗暗心惊。

第二天、第三天……战势仍然没有任何改变。努尔哈赤不断变换着打法，环城寻找着宁远城的薄弱点，但宁远城仿佛浇筑了铜墙铁壁，不管怎么攻，就是攻不破。

努尔哈赤低估了宁远城红夷大炮的威力，结果搞得自己损兵折将，狼狈无比，最终只能含恨撤离。

《清太祖实录》：帝自二十五岁征伐以来，战无不胜，攻无不克，唯宁远一城不下，遂大怀愤恨而回。

宁远之战，成了努尔哈赤心中的永远的痛。

公元 1626 年，后金天命十一年，大明天启六年，4 月，努尔哈赤以内喀尔喀五部背盟通明为借口，亲自率兵攻打内喀尔喀巴林部，击杀巴林贝勒囊努克，把他的财富一抢而空，把他的部属也一并吞并。

然而，由于远征劳顿，再加上始终解不开宁远战败的心结，忧郁伤神，努尔哈赤病倒了。

当年 7 月，努尔哈赤前往清河温泉（位于本溪）疗养，他让侄儿阿敏宰牛烧纸，祈祷天地神明保佑自己。但是，天地神明没有显灵，努尔哈赤越病越重。

努尔哈赤自知将不久于人世，一面命人传大妃阿巴亥前来见面，一面乘船顺太子河而下。随后，努尔哈赤不省人事。

公元 1626 年 8 月 11 日，这支队伍走到距沈阳 40 公里的瑷鸡堡（今沈阳市铁西区翟家街道大挨金社区），一代雄主努尔哈赤含恨而终，享年 68 岁。

关于努尔哈赤的死，这是目前比较主流的说法，但也有不同的声音。

有人说，努尔哈赤是被袁崇焕的红夷大炮给干掉的。

最早提出这种说法的是一个叫韩瑗的朝鲜人。

韩瑗是一名朝鲜翻译官，当年他随朝鲜使团来到大明，碰巧赶上宁远之战。韩瑗表示，他亲眼看到努尔哈赤被炮击伤，随后袁崇焕又派使者带着礼物前去慰问（羞辱）他，努尔哈赤经过这一伤一气，最后郁郁而终。

除了韩瑗的记载，明史上也有一些类似描述，比如那个力主撤退的高第曾奏报：在后金攻击宁远城时，宁远守军炮毙了敌军一个大头目，敌军瞬间大乱，用红布将这个人包裹起来抬走了，一边走还一边号啕大哭。

这个大头目，有人认为就是努尔哈赤。

然而，宁远大战之后，根据历史记载，努尔哈赤还曾亲征过内喀尔喀巴林部，还曾短兵相接过毛文龙，还曾出城迎接过前来沈阳友好访问的内蒙古科尔沁部奥巴贝勒。也就是说，他非但没有被炮弹当场炸死，而且似乎也没有受重伤的样子。

另一方面，按常理来说，如果袁崇焕在宁远之战中确实击中了努尔哈赤，他一定会向朝廷邀功。然而在袁崇焕给崇祯皇帝的奏折中，却丝毫未提及努尔哈赤在宁远受伤一事。

还有一种说法，认为努尔哈赤既不是死于炮伤复发，也不是死于积愤成疾，而是痈疽夺走了他的性命。根据是，明朝东江将领耿仲明曾向朝廷报告："老努背生恶疮，带兵三千，见在威宁堡狗儿岭汤泉（清河沟泉）洗疮。"

而且袁崇焕也说，努尔哈赤正是因为在宁远战败，忧愤成疾，最后才患上痈疽而死。

这两件事联系在一起，时间、地点、人物、人数都交代得很清楚，看上去似乎形成了完整的证据链，好像努尔哈赤之死就是这么回事。

但是，清朝官书并不承认。他们只说太祖是得病而死，至于得了什么病，则是讳莫如深。

考虑到明朝官方的记载和清朝官方的记载有一定的出入，我们很难言之凿凿地断定努尔哈赤的死因。

努尔哈赤到底是不是死于炮伤，或是抑郁、毒疽都未可知，真相已然被历史所掩盖，而我们，只能尽量做出最贴近历史的推理。

被全票否决的继承人多尔衮

努尔哈赤的死不仅爽坏了大明朝廷，而且在东北地区掀起了一股暗流汹涌，更引出了后金皇族之中的血雨腥风。

面对空出来的汗位，各方势力都开始红着眼睛蠢蠢欲动，大家都在暗中观察着身边的人，手里拿着最有力的武器，准备一言不合就向汗位发起进攻。

在这些势力中，最早发力的是努尔哈赤的第四任大妃阿巴亥。

阿巴亥是乌拉贝勒满泰之女，满泰父子被部下虐杀后，她成了孤女。

努尔哈赤帮助她的叔叔布占泰夺得国主之位，冥冥中也将她的爱情一锤定音。

公元 1601 年，阿巴亥被叔叔布占泰作为政治礼物送到建州女真，成为努尔哈赤的小妻子。这年，努尔哈赤 43 岁，阿巴亥 12 岁。

对于刚满 12 岁的阿巴亥而言，建州是一个完全陌生的地方。她一个不谙世事的小丫头，在一个无亲无靠的地方，要面对一群争宠吃醋的女人，她的处境可想而知。她宛如惊涛骇浪中的一叶浮萍，无法预料迎接自己的将会是什么，她承受了这个年龄不该有的人生负重和疼痛。

如日中天的努尔哈赤对布占泰送来的这个娇艳欲滴的小女孩甚是喜欢，她的天真、她的活泼，她的可爱，都让这个进入不惑之年的老男人感觉生命又重新焕发了活力。

阿巴亥也在努尔哈赤的宠溺之下，日渐成熟起来，天生丽质的她此时更是出落得风姿绰约，风情万种，并且敏锐聪慧的天性使她很容易读懂努尔哈赤的心思，宠爱日隆。

就在阿巴亥地位稳步上升的时候，彼时的努尔哈赤大妃孟古哲哲却在忘川河边徘徊。

孟古哲哲14岁那年被叶赫部当作政治筹码嫁了过来，因为美貌与贤惠，深得努尔哈赤宠爱，为努尔哈赤生下第八子皇太极，并成为第三任大妃。

孟古哲哲现在病入膏肓，她唯一的愿望，就是回趟故乡，去看一看生她养她的亲娘。但她的哥哥纳林布禄因为两家一直在打仗，残忍地拒绝了这个简单的愿望，孟古哲哲含恨而亡。

现在，大妃的位置空了出来，就像国不可一日无君一样，后宫亦不可长久无主，那么，究竟谁有资格继承大妃之位呢？

令所有人都意想不到的是，新的大妃竟然是刚刚来到建州两年，年龄只有14岁，并且没有给努尔哈赤生下一儿半女的阿巴亥！

年纪幼小的阿巴亥不但在尔虞我诈的后宫中很好地存活了下来，而且还能挤开众人脱颖而出，足以见得她的睿智和手段，当然，这一切都离不开努尔哈赤对她的宠爱。

当上大妃后不久，阿巴亥便接连为努尔哈赤生下了三个儿子：阿济格、多尔衮和多铎。作为一个女人，她显然已经到达了人生的巅峰。

在此时的阿巴亥眼里，努尔哈赤既是丈夫，也是令人敬佩的英雄。但老夫少妻的生活，常常令阿巴亥十分担忧，她害怕有一天丈夫故去，自己会变得一无所有，更怕自己成为权力斗争的牺牲品。

当阿巴亥得知努尔哈赤曾公开表示，要将自己和儿子托付给大贝勒代善时，她感觉生命中又洒满了阳光，于是她竭尽所能地接近代善。然而，她的这种女人心思，终于给自己酿成了大祸。

她被自己的侍女告发了，说她与大贝勒代善不清白。努尔哈赤实在忍无可忍，他感到这个女人居心叵测，并且令自己颜面无存。于是，努尔哈赤传谕众人，历数阿巴亥种种不端。他本想杀死她，出出这口恶气，又想到她的孩子还小，还是决定"大福晋可不杀"。但从此以后，阿巴亥不得住在汗府。

努尔哈赤给出的说辞是，阿巴亥"窃藏金帛"，按律本该处死，但我们的孩子还小，尚需照料，因此勒令离婚。

仔细想想，阿巴亥都坐上后宫老大的位置了，还需要小偷小摸吗？这样蹩脚的借口，恐怕努尔哈赤也是不得已而为之吧。说到底，他内心并不希望阿巴亥真的被处死。

变化来得太快，太突然，阿巴亥想必还没有反应过来，便从天堂跌入了地狱，从集万千宠爱于一身的大妃，变成了水性杨花的弃妇。她心中也许有很多委屈，但却无处诉说，她只能被迫接受残酷的现实，用全部心思去教养自己的爱子。

细细思量这件事，真的很有意思：八大贝勒中的代善、阿济格、多尔衮、多铎都因此瞬间失势，三贝勒莽古尔泰早在努尔哈赤心中失去了位置，阿敏、济尔哈朗又是外系旁支，有资格问鼎汗位的诸子，只有四贝勒皇太极干干净净安然无事。

不知道一代雄主努尔哈赤是不是也想过这件事。

总之，一年以后，努尔哈赤做出了让人大跌眼镜的决定，他连借口和理由都懒得给出一个，就让阿巴亥重登了大妃之位。想来，爱情应该是能原谅一切的大桥吧。

别人都是一入冷宫凄惨一生，结果人家阿巴亥不过是出去体验了一下民间疾苦罢了，看来不到最后一刻，谁也不知道鹿死谁手。

重获新生的阿巴亥自然格外珍惜这失而复得的福分，她做事越发地谨慎，她兢兢业业地帮助努尔哈赤打理着后宫，处处体现着成熟与睿智。当然，她对努尔哈赤也倾注了更多的热情与心思，老迈的努尔哈赤对小娇妻的宠爱又达到了一个新的高峰。

然而，人生就是这么诡谲多变。那一天，外出泡温泉的老公突然发来急电，叫她速去太子河相见，她无论如何也没有想到，这竟是他们有生之年的最后一次相伴。

谁也不知道两个人最后说了什么。

她陪着努尔哈赤的尸体回到宫中，立刻向众人扔出来一枚重磅炸弹：

"大汗遗命，多尔衮继位，代善辅政！"

没有人知道，她说的究竟是真话，还是为了儿子编造的谎言。

即便她说的是真话，即便努尔哈赤确有让多尔衮继位的遗命，也无济于事，因为没有人相信，或者说没有人愿意相信她的一家之言，因为根据努尔哈赤生前确立的"八和硕贝勒共治国政，共推国主"的政策方针，四大贝勒代善、阿敏、莽古尔泰、皇太极以"多尔衮年龄太小，嘴巴没毛，办事不牢"为由，直接行使了四票否决权。

那么，到底由谁来继承汗位最合适？

毫无疑问，看年龄，看资历，看功勋，看权势，这个人只能在四大贝勒中产生，其他贝勒、贝子即使有候选人资格，也只能当陪跑者。

四大贝勒中原本最有优势的代善，因为不知真假地跟多位小妈扯上关系，早已彻底宣告与汗位无缘；

阿敏虽然高居二贝勒之位，但他并不是努尔哈赤的儿子，他的父亲是舒尔哈齐，血缘关系被其他贝勒甩了好几里；

三贝勒莽古尔泰各方面都挺好，就是人品不好，因为生母富察氏也被传出与代善有绯闻，他竟然弑母悦父，于是后金从上到下没有人不鄙视他。

所以谁才是汗位的继承人，答案只有一个。

据小道消息透露，皇太极在努尔哈赤去世当天，正式选举的前一夜，找到了代善的儿子岳托和萨哈廉，对他们说：

"目前的形势想必你们也都清楚，你父亲当大汗这件事儿，基本上是叫花子丢猢狲——没戏唱了。如果你们够聪明就应该知道，现在的四大贝勒中，只有叔有这个实力问鼎汗位。现在叔给你们一道送分题，回去好好劝劝你们父亲，让他支持我。如果我当上大汗，可以保证你们父子世袭罔替、代代荣耀。当然，你们不支持也没关系，根本改变不了结局，不过以后做错了什么事，可别怪叔不讲情义。"

于是，第二天的董事会上，代善家族率先表态："我不管你们支持不支持，反正我们觉得只有四贝勒有资格坐这个位置。"

在座的各位贝勒也都是眼明心亮、八面玲珑的人精，风往哪边刮，谁能不知道？于是纷纷附议，大家一拍桌子：就这么愉快地决定了！

皇太极再三推脱，但大家都觉得这个位置非他不可。

于是便有了大清第一位皇帝——爱新觉罗·皇太极。

一项决策，奠定入关根基

公元 1636 年，皇太极登基称帝，改国号为大清，改元崇德。

随即，封八大亲王，他们是：和硕礼亲王代善、和硕郑亲王济尔哈朗、和硕睿亲王多尔衮、和硕豫亲王多铎、和硕肃亲王豪格、和硕庄亲王硕塞、和硕成亲王岳托、顺承郡王勒克德浑（代善之孙、萨哈廉之子）。

这就是清朝历史上大名鼎鼎的"八大铁帽子王"。

政务之余，皇太极一直在思考这样一个问题——元王朝为什么会被撵下台去？

最后他得出结论：企图搞民族分裂的人，人神共愤！早晚完蛋！

他在元王朝的覆灭中吸取了教训，看到了方向，所以，他大度地接受了曾经长期歧视自己的汉文明，并重用汉人。

在这一点上，他比他的前辈和不少后辈都要高明很多。

他老爹努尔哈赤在向辽东进军的过程中，一直推行民族歧视与压迫政策，对辽东地区的汉人百姓肆意屠杀与奴役，企图以削足适履的办法，将汉族地区纳入后金旧有的体制。

公元 1619 年，努尔哈赤攻陷开原，遇汉人就斩杀，屠百姓六七万。

公元 1621 年，努尔哈赤攻陷辽东，"恐慌民贫思乱，先拘贫民杀尽"。两年后，又"恐富聚众致乱，复尽杀之"。

由于后金实行屠杀与奴役政策，导致人口大量逃亡，壮丁锐减，田园荒废，加上天灾接踵而至，经济情况迅速恶化，后金国一度陷入生存危机。

皇太极以政治家的敏锐、改革家的明智，意识到政权要生存，要壮大，就必须改变这种民族隔阂、仇视的现状，那就必须改变民族政策。

所以，他一即位，就强调"满汉之人，均属一体"，以这一新的基本国策为指针，实行了一系列缓和满、汉民族矛盾的新举措，主要有这么几项：

一、发布《离主条例》，规定，如果主人有下列六种不法行为：

私自进行采猎活动；

私自藏匿战利品；

擅自杀人；

强奸妇女；

冒领战功及威胁阻止告发主人；

奴隶都可以向汗王告发，只要情况属实，告发人可以与主人脱离主奴关系，离开主人家。这就为沦为奴隶的汉人提供了一个可能恢复自由、不再做奴隶的机会。

二、实行满人和汉人"分屯别居"。

努尔哈赤进占辽沈地区时，把汉人都分给满人做奴隶，满人住在汉人家里，吃、穿、用都由汉人供给，汉人还要受满人役使，境遇十分凄惨。

皇太极即位第八天，就发布满、汉"分在别居"的谕令，把原来已经分给满人做奴隶的部分汉人，从满人手下拨出来，恢复自由居民的身份，派汉人官员管理。

这就使辽沈地区大约40％的汉人摆脱了奴隶身份，这些汉人的境遇有所改善，自然对满人的抵触情绪和仇恨情绪就有所缓和。

三、新降汉人"独立屯住"。

"分屯别居"，是皇太极针对努尔哈赤时期征服的辽沈地区汉人所实行的新政策。

而皇太极即位后，对待所征服的新地区、新汉民，他一开始就让他们照旧独立屯住。

新降服的汉人生活照旧，不受干扰，当然也就不会激化民族矛盾。

四、仿照明朝制度，开科取士，为汉族知识分子提供晋身之阶，使他们有了能够跻身于社会上层的机会，有了政治出路。

皇太极主持的第一次科举是在公元1629年，参加考试的生员有300人，全是努尔哈赤时期侥幸躲过屠杀，沦为满人奴隶的汉族士人。

科考结果，选出200人，赏赐绸缎、布匹之外，还各家免除两个人的差役负担。

后来又举行过两次，前后共取士444人，其中宁完我、马国柱等人积极提出建议，在国家建设中起了不小的作用。

五、号召广泛举荐有才干之人，尽量发挥汉人的才干。

科举考试为皇太极争取了读书人，但还有很多有才能的人并非读书人，为了争取他们，皇太极几次谕令荐举贤才，自荐和保荐都可。

这一举措也收到了实效，像通过荐举被任用的鲍承先、陈锦、李率泰、刘弘遇等人都成为重要官员，发挥了很大作用。

六、对汉官优礼相待。

皇太极对汉族官员给予了很高的礼遇，生活上三日一小宴、五日一大宴，赏赐钱财、田地、各种生活用品，还把满族贵族或大臣的女儿嫁给他们为妻。更重要的是，保留他们原来在明朝时的官职级别，有的还予以升赏，同时对他们表示了最大的尊重和信任。

他优待汉官最有代表性的事例是对范文程的信任和倚重。

范文程是明朝生员，富于韬略，文武全才，早在公元1618年就主动投奔努尔哈赤，"仗剑入军门"，但一直没有得到重用。

皇太极即位后，将他召入直文馆，十分倚重，一应大政方针、军机要务都要听取他的意见，凡重要文书、文告都由他一手拟定，皇太极甚至不加审阅。他也确实在帮助皇太极运筹帷幄、决胜疆场上提出了许多宝贵建议，起了很大作用，后人将他比作汉高祖时的名相曹参。

当然，尽管在当时，汉民与满人的矛盾不可能彻底解决，但皇太极的这些措施，还是明显地改变了努尔哈赤时期辽沈地区的紧张局势，特别是争取到了许多汉族上层人物的真心支持，他们在清朝的强盛和入主中原的战争中，起到了无法替代的巨大作用。

计杀袁崇焕，收降洪承畴

皇太极自继位以后，就一直想着为父报宁远之仇，可是袁崇焕的红夷大炮着实霸道，要是跟他硬磕，胜算不多。

其实，他试过，输得挺惨的。

皇太极经过细致的研究，决定采取迂回策略，绕过袁崇焕去骚扰北京城里的皇帝，让袁崇焕的老板去找他晦气。不是有那么句话吗？他山之石，可以攻玉。

公元1627年，后金天聪元年，大明天启七年，皇太极决定挥师朝鲜，先凿掉明朝一个战略伙伴。

这场仗打了将近四个月，朝鲜尽力了，最终沦为战败国，被迫签下

《江华盟誓》，保证再不支援毛文龙。

倘若明朝在这个节骨眼上派遣精锐部队，袭金援朝，朝鲜还能这么轻易被打跪吗？

结局难以预料。

但袁崇焕趁机夺下无人防守的锦州城以后，便开始待在城里修城墙，大明自扫门前雪，未管朝鲜瓦上霜。

公元1628年，后金天聪二年，大明崇祯元年，袁崇焕和崇祯皇帝朱由检打了个赌，说自己五年平辽，赌注是自己的项上人头。

同时，皇太极趁蒙古内乱，发动侵略战争，将林丹汗驱逐出境，迫使蒙古诸部与其结盟。

如果明朝在这个节骨眼上派遣精锐部队，袭金援蒙，蒙古会那么容易屈服吗？

结局有无数种可能。

但朱由检先生此时正忙着收拾魏忠贤余党，抽不出工夫思考蒙古的事情。

而袁督师此时正筹划着怎样干掉毛文龙，同样没有工夫向后金出兵。

公元1629年，后金天聪三年，大明崇祯二年，魏忠贤余党被消除干净，毛文龙也被袁督师索了小命，皇太极发动"己巳之变"，绕过宁锦防线，兵分三路，直接打到北京城。

哎，要是朝鲜未败、毛文龙还在，他们与袁崇焕遥相呼应，三面夹击，皇太极焉敢置老巢于不顾，率重兵长途奔袭？

要是林丹汗还在，要是蒙古未与后金结盟，皇太极不死磕山海关，怎能杀到北京城？

看来，朱由检先生和袁督师都有一种"不怕死"的精神啊。

是年，腊月初一，冷酷寒冬，袁督师驰援北京，崇祯不准他的部队进城，大军粮草用尽，荒郊露营，但还是击退了后金的一次次进攻。

皇太极拍了拍脑门，计上心头。他这个计出自《三国演义》，参考的是"蒋干盗书"，叫反间计。

据说，皇太极抓了两个明朝太监，然后一顿捆绑，扔进囚房。

到了深更半夜，太监"睡觉"的时候，他让看守者在门外小声说："袁督师和大汗早有约定，北京城不日可破。"

结果两个太监根本没睡着，其实看守者也知道。

到了第二天，皇太极随便找了借口，演一出戏，就把两个太监给放了。

太监回到宫中，立马向崇祯先生检举袁崇焕，"通敌"给了满心猜忌的崇祯下决心干掉袁崇焕的理由，成了压倒袁督师的最后一根稻草。

崇祯先生以议兵饷为名，召袁崇焕进城。但城门紧闭，如何进去？

袁崇焕被装进了一个筐里，堂堂兵部尚书、蓟辽督师，被装进筐里，用绳子吊到城中，随即被捆绑。第二年，袁督师被正了国法，死法：千刀万剐。

皇太极以一条拙劣的反间计，完美地完成了借刀杀人之举。

袁崇焕死后，孙承宗接管辽西，但，根本打不过皇太极。

此后的几年，皇太极频频发兵侵袭，战火燃至河北、山西、山东、江苏地区。

东北的战乱又让西北的农民军捡了便宜，大明朝内忧外患，奄奄一息。

崇祯先生没有办法，只好把正在西北剿匪的洪承畴叫来应急。

公元 1641 年，大清崇德六年，大明崇祯十四年，大明督师洪承畴统大同总兵王朴、宣府总兵杨国柱、密云总兵唐通、蓟镇总兵白广恩、东协总兵曹变蛟、山海关总兵马科、前屯卫总兵王廷臣、宁远总兵吴三桂，共八大总兵 13 万人，4 万匹马，浩浩荡荡杀向锦州，打响松锦会战！

此战，清军投入兵马 11 万，大明在兵力上占优。

但是，大明诸将中，除洪承畴、曹变蛟、吴三桂比较能打外，其他人都不太能打！

而满州八旗，除极个别人不太能打外，其他人都特别能打。

于是，战斗刚刚打响，明朝 13 万大军便被清军断了粮道，随即被团团围在松山，三天没有吃饭，士气彻底被饿散。

洪承畴将八大总兵召集到一起，希望集众人之力商量个锦囊妙计，大家一起突围出去。

八大总兵个个摩拳擦掌，准备大干一场。

然后，大同总兵王朴率部跑了，接着，吴三桂、唐通、马科、白广恩、杨国柱见样学样，都跑了……只剩老洪和前屯卫总兵王廷臣、东协总兵曹变蛟仍留在包围圈中，叫天天不应，叫地地不灵。

公元 1642 年，大清崇德七年，大明崇祯十五年，2 月 21 日夜，内鬼夏承德大开城门迎清军，松山失陷，洪承畴、王廷臣、曹变蛟都成了俘虏，王、曹二人被处死。

而老洪说，什么威逼利诱、大刑伺候、高官厚禄，金钱美女，皇太极你尽管上吧，洪爷我要是动一下心，我就不是个人。接着，便开始跟皇太极玩绝食。

皇太极劝得口干舌燥、言尽词穷，老洪丝毫不为所动。皇太极没有办法，脱下自己的裘皮大衣，轻轻地给老洪披在身上，正转身欲走。然后，老洪降了。

大明皇宫，朱由检一边摇头叹息，一边掐算日子，觉得老洪差不多饿死了，于是下旨：开会！

他要给老洪开一场规模超级宏大的追悼会，要给活着的大臣们上一堂生动的爱国主义教育课。

会上，朱由检情凄意切，沉痛致辞：

"呜呼洪卿！生而为英，死而为灵！想我大明，没你不行……"

正念到情深处，山海关发来急电：

——洪承畴降了，现在和皇太极称兄道弟，关系不要太亲密！

朱由检虎躯一震，只觉两眼发黑，当即下旨：散会！！

正当朱由检一个人在皇宫里发愁苦闷，不知怎样破解这混乱局面时，山海关又发来急电：

——皇太极死了！死因竟然是——没毛病。

公元 1643 年，大清崇德八年，大明崇祯十六年，9 月 21 日，大清开国皇帝皇太极，在中原未得、大欲未遂之际，突然无疾而终。死因遂成为至今未解的一个谜。

在暗流汹涌中侥幸登基的福临

皇太极死了，刚刚诞生的大清却患上了重病。

出现的还是那个老问题——谁来做新皇帝？

由于皇太极死得太突然，没来得及跟大家交代后事，也没有负责任地立下遗嘱，这就让很多人都觉得自己有机会成为大清之主。

于是，朝堂之上暗流汹涌，皇室众人虎视眈眈，皇位之争即将达到同室操戈、骨肉相残的地步！

大清，刚刚立国，就遭遇了致命威胁，这个局面谁来化解？

现在，就让我们一起回到那遥远的从前，来一段杀气腾腾的现场直播。

公元 1643 年 9 月 25 日，皇太极龙驭宾天第 5 天，人未走远，尸骨未寒，多尔衮就将诸王大臣喊到了崇政殿——今天的会议主题是——以后大清由谁说了算？！

当时，清廷还没有入关，不遵循汉人"父死子承"的传统，所以从理论上说，皇太极的众多兄弟子侄都有资格参加大选。

当然，实力才是最终成为候选人的前提和条件。

当年的八大贝勒被皇太极差不多撸了一遍，现在的候选人新老掺杂，各领风骚。

目前，实力允许并出席会议的候选人有：

礼亲王代善，皇长子肃亲王豪格，郑亲王济尔哈朗，睿亲王多尔衮、英郡王阿济格，豫郡王多铎。

这其中：

代善年龄太大了，而且长期被边缘化，基本跟皇位说拜拜了！

济尔哈朗是皇太极的堂弟，属于外系，血亲浓度和其他人没法比，很自然地被屏蔽。

阿济格和多铎是多尔衮的亲兄弟，实力都还可以，但三商不够顶级，他们也知道自己不太适合当皇帝，所以干脆为多尔衮呐喊摇旗，做多尔衮的左膀右臂。

这样一来，局势就明朗了——皇位之争，实际上就是豪格PK多尔衮。

战鼓一响，各就各位，大家开始站队。

当时的八旗，皇太极辖两黄旗，豪格统领正蓝旗，两黄旗只有支持皇太极的子嗣，他们的利益才能得到最大保障，所以两黄旗和正蓝旗表示："父子，父子，父亲的遗产必须交给儿子！我不管别人支持不支持，我们一定要立皇子！"

那么理论上，豪格得到了三个旗的力量支持。

多尔衮和弟弟多铎手里握着两白旗，两白旗只有将多尔衮捧上皇位，他们的利益才能被放飞，所以两白旗万众高呼："除非多尔衮做国主，否则我们谁也不服！"

那么理论上，多尔衮有两个旗的势力支撑。

现在，纸面上是三旗对两旗，如果按少数服从多数来决议，豪格当选没有问题，但这只是个伪命题。

事实上，豪格与多尔衮在实力上不相上下，两人半斤八两，双方互不相让，剑拔弩张。

现在，决定胜利天平向哪边倾倒的是正红旗、镶红旗与镶蓝旗，他们为谁站队，谁就可以登上皇位。

那么问题来了，其余三旗会选择支持谁呢？

两红旗旗主代善表面上支持豪格，但实际上，这二位不管谁当皇帝，对他影响都不大，他还是一样被边缘化。

所以代善的真实态度其实是——坐观其变，风往哪边倒，我往哪边跑。

镶蓝旗旗主济尔哈朗则更是洒脱，反正这个位置永远轮不到我，我干嘛操心那么多？少数服从多数好了。

所以济尔哈朗虽然表示和大家一起支持豪格，但也是随风摇摆着。

公元1643年9月27日，皇太极头七的那天，皇位争夺进入白热化阶段。

两黄旗大臣与豪格码齐人马，准备一言不合就开打。

多尔衮、多铎与阿济格，也是人狠话不多，表面不动声色，暗中倾注全力准备和豪格死磕。

大家都明白，现在，到了最后摊牌的时刻！

豪格决定，放手一搏！

豪格自以为胜券在握，很虚矫地对大家说："我德行浅薄，怎么能继承皇位呢？"

换而言之——说我不行是吧，那谁行谁上啊！

豪格说完，鳌拜、索尼等两黄旗大臣公然佩剑上殿，进言："先帝对我们有大恩大德，皇位要是不给他儿子，我们就不活了！"

豪格这招很阴险，他假装谦让，给自己立道德牌坊，却让两黄旗大臣出面，进行兵谏。

豪格觉得自己简直不要太高明，其实，他这步棋臭得不行！

首先，像代善、济尔哈朗那样原本保持观望的亲王，瞬间就改变了立场——这小子还没当家呢，就敢对我们进行武力威胁了，这要是让他当家，大家伙还能有好日子过吗？

再者，豪格的计策有一个大bug——两黄旗只说必须立皇子，可皇太极儿子那么多……

多尔衮微微一笑，心中有了计较。

多尔衮说:"两黄旗诸位说得对,就该皇子坐皇位!既然豪格不愿干,就让福临坐江山!国家大事他做主,我和朗哥来辅助!"

两黄旗都准备拔刀了,多尔衮这一番"慷慨陈词",硬生生把局面给破解了!

多尔衮的话看似简单,其实暗藏利剑!

第一、多尔衮虽然放弃争皇位,同意立皇子,但钻了豪格和两黄旗的空子,让他们哑巴吃黄连,有苦说不出。

第二,福临的母亲庄妃,是皇后哲哲的亲侄女儿,同出自蒙古科尔沁部博尔济吉特氏,立福临,必然能够得到皇后哲哲和蒙古人的大力支持。

第三、福临才六岁,多尔衮这就有了把他弄成傀儡的机会,他又拉上济尔哈朗垫背,使得镶蓝旗也不得不为福临站队。

这么一看,多尔衮虽然年纪轻轻,但说他老谋深算一点也不夸张,这一招以退为进,满满的全是套路!

果然,多尔衮一说完,大家纷纷表示:"就这么办!"

豪格和两黄旗大臣纵然心有不甘,却有口难言,又不能拔刀相向,毕竟大清现在最主要的任务是入关夺江山,这个时候谁也不想搞内乱。在这一点上,他们保持着统一的意见。

就这样,一场凶险无比的皇位之争神奇般地没有流血就解决了。

福临登基,为顺治帝。

入主中原，多尔衮只手遮天

从皇太极去世到大清入主中原，在一年的时间里，多尔衮就为清朝立下了两件大功：

一是拥戴福临继位，稳定了岌岌可危的政局，巩固了新的统治秩序；

二是山海关运筹帷幄，招降了吴三桂，摧毁了李自成，定都北京。

大清，由此翻开了新的历史篇章。

如果有人说，多尔衮才是大清帝国实际上的建立者，这句话应该并不为过。

这些功绩，在清朝入主中原之后的新开国大典上也得到了大力表彰，福临不仅给多尔衮树碑立传，还加封他为叔父摄政王，肯定了多尔衮立于诸王之上的特殊地位。

然后，多尔衮就有些飘了……

当时，大清朝堂有一个不成文的潜规则——官员如果在奏书中对多尔衮的称呼不是"皇叔父摄政王"全称，那就准备卷铺盖走人吧！

济尔哈朗也曾好心提醒大家："凡事先白王，书名亦先之。"意思是：你们不管干啥，一定要以多尔衮为尊。

公元 1648 年，多尔衮又逼福临将自己晋升为皇父摄政王，从此一人之上，更是万万人之上。

至于这个皇父摄政王，历史上有很多说法，比较流行的是"孝庄太后下嫁"。不管真假，反正多尔衮的意图很明确——就是要让你福临叫我爸爸！

这也太欺负人了！但福临对此毫无办法。

至此，多尔衮所使用的仪仗、音乐及护卫队，都僭越了一个"王"该有的规格，正式与"皇"相提并论。

除此之外，多尔衮还要求诸王贝勒、文武大臣到自己的王府中候命，大家就在这里开会，决议朝政，俨然自己组织了一个小朝廷，一切政务都不再向福临请示，连下属的样子都懒得做了，完全不把福临放在眼里。

可以说，福临从6岁继位，到13岁，这7年间，他名义上是皇帝，实际上更像个傀儡。

福临后来曾恶狠狠又很悲伤地诉怨："凡天下国家大事，朕一概不知，因为根本没有人向我汇报！"

然而，福临再小，他毕竟是一国之君，小皇帝也有小皇帝的想法和尊严。

我们稍微换位思考一下就能体会到，当一个年幼丧父的小董事长被大股东完全架空，对方在他的家族企业里拉帮结派、耀武扬威、独断专行，还对他妈妈不怀好意，他心里会是怎样的一种体验？

他一定会这么想——好啊，你看我小就霸凌我，都快把我整成背景板了！完全不顾及我的想法和感受，你是想把我的财产、我的家、我的妈都占为己有吗？你等我长大的！

梁子，大概老早就结下了！

但是，有想法归有想法，当时的福临还真没有能力也不敢对多尔衮尥蹶子，就连多尔衮害了他的哥哥，福临也只能说："叔父……呃，皇父摄政王做得对！"

咱们把时间往前拉一点。

公元1646年，顺治三年，初，豪格被任命为靖远大将军，统军入川，讨伐张献忠。

至 11 月 26 日，清军抵达距西充不到百里的南部县。驻守阆中的大西军将领刘进忠降清。在降将的带领下，豪格率部星夜兼程，直奔张献忠老巢——西充凤凰山。

翌日清晨，大雾弥漫，咫尺之隔，只闻其声，不见其人。当清军悄然逼近营门时，张献忠才知大事不好，未及披甲，仅腰插三矢便仓促上阵。在刘进忠的指点下，豪格一箭射去，半披飞龙蟒袍的大西皇帝张献忠应声而倒，一命呜呼。

豪格继续挥军南下，翌年 8 月平定全川，旋即兵进遵义，风驰电掣般地扫荡着西南边陲。这一次，豪格为大清立下了不世之功。

公元 1648 年，顺治五年，1 月 27 日，豪格凯旋班师回京。然而，等待他的不是皇恩浩荡，而是一个策划已久的阴谋。

这年 3 月，当年两蓝旗、两黄旗支持豪格继位的事情又被有心人旧事重提，随之态势愈演愈烈，济尔哈朗和两黄旗大臣均被过堂严审，规模之大，堪称空前。

谁都知道，济尔哈朗以及两黄旗大臣欲立豪格为君，是在诸王册立新君之前。在仍然保留军事民主制残余的开国时期，推举继承人本来就是天经地义的事情。

在当时，不仅两蓝旗、两黄旗大臣积极参与此事，就是多尔衮、多铎辖下的两白旗大臣也多次密谋，商议拥立多尔衮为帝。即使到了顺治二年（公元 1645 年）底，多尔衮还洋洋自得地跟诸王、贝勒以及满汉大臣谈起当年被拥戴的情况。

显而易见，这次旧事重提，只不过是多尔衮为了收拾豪格借题发挥而已。

审讯结果不言自明。济尔哈朗被革掉亲王爵位，罚了一大笔银子；

两黄旗大臣凡参与拥立豪格者均受到严厉制裁，或被革职，或被夺爵，或被发配沈阳看守皇太极陵寝，就连已经死了的图赖、图尔格也被革了世职。

然后多尔衮召集大臣，夸张列举自己弟弟多铎的功劳，多铎就变成了新的辅政叔王。

随后，豪格被推上了祭坛。

在多尔衮的一手策划下，诸王、贝勒、贝子、大臣召开审判会议，以豪格"隐瞒其部将冒功、起用罪人之弟"的罪名，将豪格判处死刑。

福临不忍长兄惨死，为其说情，议政大臣会议在得到多尔衮首肯以后，才敢将死刑改为幽禁。

被幽禁的豪格心情极度抑郁，忧虑、痛苦、愤怒一齐袭来，一腔热血都在往上涌，头像被撕裂一般。谁也不清楚这个人究竟在哪一天、哪一个时辰愤然辞世，人们只知道他在被幽禁后一个月左右即亡，虚岁40。

这还没完，多尔衮不仅害死了豪格，还强行霸占了他的老婆。对于多尔衮这种杀害自己亲人、罔顾人伦的罪恶行径，福临只敢偷偷怒，完全不敢言。

但是，这份仇恨，他已经在心中的那个小本本上记了下来，只等将来找到一个合适的时机，一起清算！

机会说来就来了。

公元1650年12月，福临继位的第7年，多尔衮在狩猎途中遇险，不久后，一代枭雄魂魄归天。

多尔衮的意外死亡，对大清来说是肉眼可见的损伤，搞得福临热泪盈眶——翻滚吧！皇父摄政王！我跟你们讲：

你们知道我这七年是怎么过的吗？

七年！

我白天看他脸色，晚上噩梦里都是他的狰狞，我童年的阴影，笼罩的是我的一生！

清算，这就开始吧！

公元 1651 年，顺治八年，福临亲政。年纪轻轻的小皇帝宛如戏精上身。

首先，他以帝王规格为多尔衮举办葬礼，追尊多尔衮为"懋德修道广业定功安民立政诚敬义皇帝"。

因为多尔衮没能生出儿子，所以福临就将多铎的儿子多尔博过继给多尔衮，世袭罔替多尔衮的王位。

多尔衮身边的亲信，甭管能力够不够，都被破格升职为议政大臣。

这些操作，怎么看都饱含着浓浓的叔侄深情。

然后……

多尔衮曾经的心腹苏克萨哈，对多尔衮反手就是一个举报，说他目无皇上，以下犯上，私藏龙袍，图谋不轨……等等等等，说了一大堆，都是大罪。后来，他就成了福临的托孤大臣，这位老兄当时可能还不知道天道好轮回。

那么，多尔衮真的准备谋反吗？别太天真了。

不管那些事情多尔衮有没有做，反正皇帝觉得他做了，诸位爱卿你们看着办吧！

于是，朝堂之上掀起了一股批多斗衮的狂风大浪。

紧接着，多尔衮被清理出了皇族队伍，并没收全部家产。他的子女被贬为奴，据说福临还亲手掘了他的陵墓。

而当初跟随多尔衮的那帮人，也被福临斩的斩，流放的流放，子子孙孙永不录用。

这个时候，如果有谁敢为多尔衮讲一句"公道话"，不用想，一定会受到超乎想象的惩罚。

可怜多尔衮一个雄才大略的枭雄，死后被抹黑到连乌鸦都甘拜下风。

福临给多尔衮定的是谋逆大罪，可是，多尔衮一直到死也没有称帝的迹象吧？

其实说到底，多尔衮真心没想反，但他也是真心装大了。

直到一百多年后，乾隆即位，多尔衮才得以平冤昭雪，乾隆恢复了他睿亲王的封号，并称其"定国开基，成一统之业，厥功最著"。

报复完多尔衮，福临开始为豪格平反冤案，亲王爵位代代相传，到1906年，这座功勋卓著的肃亲王府竟出了一个震惊全国的女汉奸。

她，就是川岛芳子，豪格的第十一代子孙。

短短一生，迷雾丛丛

公元1660年，顺治十七年，10月，董鄂妃去世不久，福临在北京西苑万善殿让行森禅师为他举行净发仪式，他要了断这三千烦恼丝！

满朝文武大惊失色，皇上这次玩得太大了！

孝庄太后虽然也恼怒福临的恣意妄为，但她更知道，国不可一日无君！

于是，在孝庄太后的授意之下，皇家佛学导师玉林琇点燃了火把，把为皇帝剃度的行森推向了祭坛。

这把火烧不烧得起来，全在福临一念之间。

要么一意孤行，坚持出家，行森师兄就会因自己而死，玉林琇师父也会背上残忍杀徒的恶名，佛学修为毁于一旦。

要么到此为止，还俗回家，就当什么事情都没有发生过吧。

福临再一次败给了母亲，玉林琇点燃的那一把火终究没能烧起来，而福临此生之中又一个理想被强行中止。

他，毕竟是个皇帝，他注定不能随心所欲。

可是，他自己也不知道，如今已经看破一切，连皇位都无动于衷的自己，如果不英年早逝的话，后半生到底应该怎样度过呢？

几个月以后的公元1661年初，24岁的福临留下一纸罪己诏，去了另一个世界，一个让后人云山雾罩的世界……

清宫档案，对于福临的死亡记载仅有11个字：丁巳，夜，子刻，上崩于养心殿。

仓促之间，孝庄妈妈果断掌权，隆重推出自己的孙子——爱新觉罗·玄烨！

历史，由此翻开了新的篇章。

爱新觉罗·福临，一个谜一样的男人，我们至今也无法确定他的真正死因。

因为死得蹊跷，坊间难免出现种种猜测：

有人说，福临死于天花；

有人说，福临在五台山出家；

还有人说，福临被郑成功的流弹毁掉了；

也有人说，福临是翻牌子翻得太勤，油尽灯枯了……

顺治之死，众说纷纭，众口不一，似乎各有各的道理，但细一推敲，又似乎都不可靠。

遗憾的是，史料缺失，记录不够翔实，福临是死是僧，因何而死，何处为僧，目前我们仍然无法获知。

福临走后，宫中剩下的实权人物有：孝庄太皇太后、阿拉坦琪琪格母后皇太后，康熙帝爱新觉罗·玄烨。

他们一个是皇太极没怎么拿正眼瞧过的侧妃，一个是福临一门心思要废掉的皇后，一个是在父亲心里没有多少地位的庶出皇子。

但他们活得都很长久，他们抱团取暖着。

公元1663年，玄烨生母佟佳氏去世，阿拉坦琪琪格协助孝庄一起抚育年幼的康熙，祖孙三人建立了深厚的感情。

公元1687年，孝庄太皇太后病重，玄烨亲自到天坛祭天，愿以自己减寿，换回祖母安康。

孝庄死后，玄烨把以往一分为二的孝心全部倾注到了嫡母阿拉坦琪琪格身上。

阿拉坦琪琪格七十大寿的时候，年近花甲的玄烨亲自下场跳蟒式舞，只为嫡母开心。

公元1718年，阿拉坦琪琪格走完了与世无争的一生，享年77岁。

玄烨悲痛欲绝，哭晕在地，醒后不住哀叹，从此这世上只有孝敬他的人，而没有爱恤他的长辈了。

不知福临泉下有知，究竟是何感想呢。

第三章

这昭昭盛世，
多少隐情，多少意念平

鳌拜，你太猖狂了

康熙帝即位后，由于年仅 7 岁，自然不能够亲自处理国家大政。本来，按照大清国的传统旧制，皇帝年幼，国家政务应由一两位宗室亲王摄理，但由于顺治帝时多尔衮擅权构成了对皇权的极大威胁，为了避免此类现象的再度发生，孝庄文皇太后乃决定不用旧制，而是改由更多的异姓大臣来共同辅政，确立了四辅臣制。这样，在同多尔衮斗争中有功的元老重臣索尼、苏克萨哈、遏必隆、鳌拜四人便出来共同辅政。四大臣本着协商一致的原则共同辅佐幼帝，最初几年尚相安无事，然而随着四辅臣内部势力的增长变化，本来排在四辅臣末尾的鳌拜的势力日益增长扩大，致使四辅臣之间的权力制衡被打破。鳌拜是个权力欲最为强烈的人，逐渐地由恃功自傲走向了欺君弄权。

康熙六年（公元 1667 年）六月，索尼去世。康熙帝鉴于四大臣辅政体制已经名存实亡，反而成为鳌拜专权的工具，便上奏祖母，请求亲政。祖母理解孙儿现在的处境，自然应允。康熙帝乃于七月七日，举行亲政大典。然而，康熙帝名义上虽然亲政，但鳌拜却仍然继续掌握着批理章疏的大权，并迫害死了苏克萨哈，使遏必隆亦依附于自己，他甚至对康熙帝有不轨的企图。有一次，鳌拜故意装病不朝，康熙帝亲自到他家里问候，在他的寝室里发现炕席上放了一把短刀。按照规定，臣属面见皇帝，身边不许携带任何兵器，否则即以图谋不轨论处，鳌拜根本就没把康熙帝放在眼里，毫无顾忌地把兵器放在身边。康熙帝装作并不介意，一边笑着，一边从容地说道："刀不离身，只是满洲的故俗罢了，不必大惊小怪。"慰劳了几句，便回宫去了。

　　鳌拜的所作所为，引起了康熙帝极大的忧虑。康熙帝有皇帝之名，而无皇帝之实；鳌拜身为辅臣，辄行皇帝之权威。对于康熙帝来说，鳌拜已到了不能不除的时候了。但鳌拜根深叶茂，亲信党羽遍布朝廷，控制了许多重要部门和中枢要害，如强行拘捕，可能反会招致不测，所以只能智取，不能力敌。

　　主意拿定后，康熙帝便开始了一系列的准备工作。首先是稳住鳌拜。表面上康熙帝饮酒作乐，不理朝政，特别是在有鳌拜及其死党聚集或参与的场合，便叹以人生几何、江山粪土，表示自己无心恋政。其次是培养一支自己信得过的侍卫队。满洲人有一种唤作"布库"（布库系满语，意为摔跤手）的摔跤游戏，康熙帝以玩耍为名，从皇帝直属的满洲上三旗贵族子弟当中，挑选了几十名身强力壮的少年，组成了善扑营，练习"布库"之术。善扑营既是准备用于擒拿鳌拜的格斗队，又是保卫康熙帝的侍卫队。鳌拜果真以为这都是小孩子们在闹着玩儿，就没往心里去。康熙帝通过和这些少年们一起嬉戏，摔跤踢打，不但武功有了长进，而且也和这些少年之间建立起了一种深厚的感情。经过一段时间的练习，这些脸上还带着稚气的少年们均成为擒拿格斗的好手。康熙帝又以寻找棋友为名，将自己信得过的很有组织能力并擅长于角扑之术的索额图（索尼之子，康熙帝皇后的叔叔）由吏部右侍郎调任为一等侍卫，放在自己身边，实际上是掌管善扑营，为执行擒拿鳌拜的任务做准备。

康熙八年（公元 1669 年）五月，康熙帝亲自擒拿鳌拜的一切准备工作已经就绪。为了确保万无一失，在正式行动之前，康熙帝即将鳌拜的党羽以各种名义先后派出，削弱他在京城的势力。全部部署完毕后，十六日的早晨，康熙帝集合了担任此次擒拿任务的善扑营全体队员，亲自做了战前动员。他用激昂的语调问这些少年伙伴们："你们都是我的左膀右臂、我的好朋友，你们是敬服我呢，还是敬服鳌拜？"这些少年伙伴们齐声回答："只敬服皇上一人！"见此，康熙帝大声宣布："好！我今天就交给大家一个任务：捉鳌拜！"接着，康熙帝向小伙伴们宣布了鳌拜的罪行，又向小伙伴们做了具体的布置，将他们隐藏在进宫大门的两厢。安排好了以后，康熙帝派人去请鳌拜进宫。鳌拜不知是计，一点戒心也没有，大摇大摆地来了。看到鳌拜仍然如此横行，康熙帝不禁怒火上冲，大声地喝道："来人！把这个逆臣给我拿下！"顿时冲出一群少年，把鳌拜团团围住，有的扭胳膊，有的拧大腿，有的搂脖子，有的抱后腰。鳌拜初时还以为这是在跟他开玩笑，待发觉情形不对之后，自恃勇猛，奋勇顽抗。无奈这些少年们都是经过专门训练的，人又多，自己已经年老力衰，挣扎了一会儿，就难以支持了，被这些少年们七手八脚地用绳子捆了个结结实实。康熙帝见鳌拜已经被拿住，便下令将他投入大牢，并马上升朝，宣布已经逮捕鳌拜，命令大臣们调查他的罪行，紧接着将鳌拜的党羽们也一个个地捕捉起来。

鉴于鳌拜所犯的罪行，康熙帝原拟将他革职处斩。在康熙帝亲自提审鳌拜时，鳌拜为求一活路，当着康熙帝的面脱下衣服，只见身上伤痕累累，那是他以往在搭救清太宗皇太极时留下来的。康熙帝见此亦感恻然，又考虑到鳌拜自清太宗以来一直为国家建树功勋，便赦免了他的死刑，改为终身软禁。康熙帝收回了辅政大臣批阅章疏之权，此后各处奏折所批朱笔谕旨，皆出自他本人之手，而从无代书之人。这翻天覆地之举，竟出自一个 15 岁的少年之手，表明康熙帝在政治上早熟，初步地显示了他的才华。

祖国必须统一，毋庸置疑

如果说康熙是一位英明的皇帝的话，恢复台湾并将之纳入大清版图就是他无数个英明决策中至为耀眼的一个。台湾对于中国的重要性在今天不言而喻，但在康熙之后的长时间里并没有被充分认识到，这更显示出一个顶尖政治家能见人所未见的政治素质。

顺治十八年（公元 1661 年）二月至十二月，南明延平郡王郑成功命世子郑经留守金门、厦门等地，他亲自率师东征，驱逐荷兰殖民主义者，收复台湾。但郑氏政权坚持抗清立场，占据东南沿海。郑成功病死于台湾后，世子郑经继承王位，依然与清廷对抗。

康熙皇帝亲政以后，一心想收复台湾，但是因为"三藩"作乱，他忙于平定叛乱，所以对台湾郑氏主要采用招抚政策，但是郑经始终没有接受招抚。"三藩"之乱平定以后，康熙皇帝开始全心收台。在收复台湾的过程中，有两个人所起的作用最大，一个是姚启圣，一个是施琅。姚启圣，字熙之，一字忧庵，原为浙江会稽人，后附族人籍，隶属汉军镶红旗。康熙二年考中了举人，当了广东香山知县，不久因故被革职。"三藩"叛乱后，他投进康亲王杰书军中，屡献奇谋，康亲王很器重他，官职也从代理知县升到了布政使。

康熙十七年（公元 1678 年）春，郑经为给清朝施加压力，以争取和谈中的有利地位，遣骁将刘国轩连败清兵，进围海澄。清廷驻守官吏对全局缺乏统一规划，遇事惊慌失措。康熙见他们"庸懦无才，职业不修"，便于五月初十将他们解职，通过康亲王荐举，破格提升姚启圣为福建总督。

姚启圣于六月初接任，认真贯彻康熙招抚郑经下属官兵民众谕旨，为争取投诚，特别注意对其家属及其亲族落实政策，并任用海上投诚人员。这一保护郑氏、团结海上投诚人员的政策，立即产生巨大效果。

姚启圣为了准备攻打台湾的武力，还整顿充实绿旗兵。过去"镇将各官，多以食粮兵刁民充伴当、书记、军牢等役，至临阵十不得七"。因此，他首先从直属总督之督标做起，革除了无用的兵员，新招募了一批生力军。康熙帝得知，予以表彰，认为此法很好，下令推广其他各省。

由于姚启圣采取有力措施，并与巡抚、提督、满洲将领、外省援军齐心合力，至康熙十七年九月，福建军事形势大为好转。九月二十日，姚启圣与将军赖塔等于漳州附近大败郑军主力，相继收复长泰、同安。此后又连败郑军于江东桥、潮沟等地，刘国轩逃回海澄。姚启圣见海澄深沟高垒，难以突然攻下，便全力开展招抚工作。他派遣漳州进士张雄赍书去厦门招抚。郑经以"海澄为厦门门户，不肯让还"。姚启圣于十月又遣泉州绅士黄志美赍书再次往厦门劝谕。郑经仍执前辞，拒不受抚。

康熙二十年（公元 1681 年）四月，姚启圣先后接到台湾傅为霖、廖康方密禀，郑经已于本年正月二十八日病故；其长子监国郑克也于三十日被绞死；年仅 12 岁的次子郑克塽即延平王位，现在台湾岛内人心浮动，可以乘机武力收复。姚启圣根据密报上书康熙皇帝要求发兵收复台湾。可是，姚启圣的建议却遭到了很多人的反对。反对者中，竟包括闽海前线最高军事长官都统宁海将军喇哈达。而内阁学士李光地却坚决支持武力收复台湾。李光地是福建安溪人，他曾以在籍官蜡丸密封向康熙上平闽之策，因此深得康熙信任。他当上内阁学士后，积极推荐施琅。

施琅，福建晋江人，初为明总兵郑芝龙（郑成功的父亲）部下骁将，顺治二年十一月，随郑芝龙降清。因坚决不从郑成功抗清，他的父亲、兄弟和儿子都被郑成功所杀。康熙元年，被提拔为福建水师提督。他自幼生长海上，深悉水性及郑氏情形，一贯主张以武力围剿郑氏，攻取台湾。曾经于康熙初年上书，要求武力收复台湾，但是鉴于当时的条件还不成熟，他的建议被否决，并且裁撤福建水师提督，战船也被尽数烧毁，海上投诚官兵到外省垦荒，授施琅为内大臣，编入汉军镶黄旗，留于京师。

姚启圣上任之初也曾一再上疏保举施琅担任福建水师提督。但是因为他的长子施齐（化名工世泽）、族侄施亥都还在郑经手下当官，朝廷不太放心，所以迟迟未予任用。后经姚启圣核实施齐、施亥因"擒郑逆献厦门以报本朝"，于康熙十九年二月被杀，两家 73 口同时遇难。施琅这才重新得到朝廷的信任。康熙二十年七月，李光地再次推荐施琅，康熙皇帝也深感原来的福建水师提督万正色难当重任，便采纳李光地的建议，以施琅替换万正色。

康熙皇帝启用施琅之后，放手使用，大力支持。施琅为了能在征剿过程中加强与皇帝的联系，题请吴启爵"随征台湾"。兵部不准。康熙特批："爵在京不过一侍卫，有何用处？若发往福建，依施琅所请行"。施琅任内大臣10余年，深知吴启爵受皇帝信任，请他随征，无异于钦差大臣。后来吴启爵在关键时刻往来于福建与北京，呈报前线情况，传达皇帝指示，对统一起了重要作用。

施琅吸取前三四年间进军台湾失利的教训，为防止总督和水师提督之间彼此掣肘，极为重视专征大权。康熙二十一年（公元1682年）二月初一，施琅上《密陈专征疏》，再次要求康熙为自己颁发专征台湾之敕谕，康熙皇帝考虑到自己远在北京，对前敌的形势不熟悉，于是放权给施琅，让他总管攻台的军事作战，总督姚启圣负责管理政务，李光地负责管理钱粮后勤。这样，三个人分工明确，便于随机应变，处理各种事务。

经过几次大战，台湾军队放弃抵抗，郑克塽宣布投降。康熙二十二年（公元1683年）八月十一日施琅率官兵前往台湾受降。郑克塽闻讯，坐小船出鹿耳门迎接，并亲率刘国轩、冯锡范等重要文武官员，齐集海边，列队恭迎王师，然后会见于天妃宫。

施琅领兵登陆以后，禁止军兵骚扰百姓，维护社会秩序。十八日，郑克塽等剃发，施琅当众宣读皇帝敕诏。郑克塽等遥向北京叩头谢恩。从此，台湾与大陆重新统一。

施琅入台之后，不负康熙的期望，未对郑氏进行报复，却前往郑成功的庙宇行告祭之礼。他知道郑成功在台湾官兵心目中的地位。在台湾政权变换、人心浮动的时刻，这一举动，对于安定郑氏官兵的情绪、稳定社会秩序无疑产生了重要的社会效果。

捷报传到北京后，康熙精神异常振奋。将收到捷报那天所穿的衣物赐给施琅，并赐五律一首，写道：

岛屿全军入，沧溟一战收。降帆来蜃市，露布彻龙楼。上将能宣力，奇功本伐谋。伏波名共美，南纪尽安流。

伏波指东汉名将马援，曾封伏波将军。康熙称赞施琅智勇双全，建立奇功，可与马援齐名，流芳百世，封施琅为靖海侯，世袭爵位。

康熙二十二年（公元 1683 年）十二月，郑克塽等奉旨进京。康熙对原台湾的官员都给予封赏，让他们在朝中为官。尤其值得一提的是康熙对郑成功子女的态度，他不但认为郑成功、郑经并非"乱臣贼子"，命将其父子灵柩归葬南安，还亲自赠送了一副对联："四镇多二心，两岛屯师，敢向东南争半壁；诸王无寸土，一隅抗志，方知海外有孤忠"，挽念郑成功收复中华故土的不朽业绩。

纵使明君，也会老糊涂

康熙是个明白人，这一点大多数人恐无异议，但明白人有时候也办糊涂事。俗话说"清官难断家务事"，对康熙来说就是明白皇帝也难断儿女事。于是在继承问题上，他是立了又废，废了又立，然后立了再废，结果把自家这湾水搅得浑之又浑。

康熙十四年（公元 1675 年）十二月十三日，下令册立刚满周岁的皇二子、嫡长子胤礽为皇太子。这意味着胤礽长大以后，将肩负着大清朝兴旺的使命。但是，康熙晚年，就在胤礽即将实现父皇所托的时候，康熙竟然下令废掉这位皇太子。然而不久，又复立胤礽为太子，旋即又废。这二立二废，就如天上行石，变化莫测。

其实，胤礽是一位十分聪明的皇太子，自幼学习四书五经，骑射、言词、文学都很出色。康熙对皇太子的表现相当满意，但与此同时，由立太子而产生的皇储矛盾，也一天天尖锐起来。

问题初始于太子不孝。康熙二十年（公元1690年）七月，乌兰布通之战前夕，康熙在出塞途中生病，想要返回京城，便令皇太子与皇三子到驿站前迎驾。胤礽到行宫看见康熙身体不适，容颜消减，竟然没有半点担忧之心。这使得康熙大为不满，他认为这位太子对自己没有忠爱之情，于是就让太子先回京师。后来康熙废太子时说对他已经包容了20年，就是将这件事作为起点来说的。

后来，康熙又发现皇太子暴戾不仁，对诸王、贝勒、大臣、官员以至兵丁，任意凌辱，恣行捶挞，对检举他行为不端的人更是横加迫害。而且，太子及其属下任意勒索地方官员，鱼肉百姓。南巡时，就曾搜求民间妇女，胡作非为，无所不至。他还派人截留蒙古王公进贡的驼马，放纵奶妈的丈夫敲诈勒索。康熙素来主张宽和仁慈，节俭爱民，这些不孝不仁的行为，都是康熙一向深恶痛绝的。他认为皇太子自以为身居一人之下、万人之上，处处要求与众不同。即使是在兄弟之间也争强好胜，决不落人之后。这种特殊的地位，加上平时人人奉承、谄媚，天长日久，很容易使他忘乎所以，目空一切，妄自尊大，如此下去，怎么能担负大清朝兴旺的重任呢？于是，康熙对太子逐渐产生不满。

索额图系太子生母诚孝仁皇后的叔父、太子的外叔祖父，是竭力拥护太子的一股强劲势力。他帮助太子集结了一批大臣，私怀倡议，凡是皇太子使用的衣服饰物，都采用黄色；一切礼仪，都与皇帝相似；连太子的被褥也与皇帝一样放在门槛里面。后来康熙知道了，便命尚书沙穆哈将被褥移到门外，可沙穆哈惧怕皇太子党，请求康熙颁旨，被康熙怒斥后革职。不久，康熙又发现内务府所属膳房人、茶房人在皇太子处出入，这是宫中所禁止的，便下令将这些人处死。索额图也因为多次违背皇帝的旨意屡遭申饬，这意味着皇太子已经失了皇帝的信任。

康熙四十一年十月，御驾南巡，行至德州时，太子胤礽病重。康熙决定先行回京，留太子在德州调养，并召来索额图前往侍奉。胤礽在德州与索额图朝夕相处，亲密无间，散布了许多怨尤之言。

第二年，康熙便以"议论国事，结党妄行"为由，将索额图交由宗人府拘禁，不久死在幽所。至于究竟是议的什么事，结的什么党，开始并未说明，只在传谕索额图时隐讳地说："朕如果不先发制人，你就会先下手。经过朕一番深思熟虑，还是先指出你的罪行，将你正法。"

后来，在废太子的时候，可以很清楚地看清康熙的心理："从前索额图帮助你密谋大事，朕全都知情，索性将索额图处死。"足可见康熙是将其作为一场未遂的宫廷政变加以处理。索额图的罪行就在于集结太子党，图谋篡权。在处理了索额图之后，问题不但没有解决，皇帝与太子之间的隔阂却日渐加深。康熙甚至怀疑太子要替索额图报仇而谋害于他，于是，废太子之事已经势在必行。

康熙四十七年五月十一日，康熙一行人来到承德避暑山庄围猎避暑。随行的有皇太子和皇十八子等。围猎期间，白天炎热，夜间气温又较低，皇十八子胤祄突然患病。胤祄的生母是康熙宠爱的汉族妇女王氏，即有名的密妃。爱屋及乌，康熙对其所生的幼子，也较其他诸子备加喜爱。胤祄的病情一天天严重，导致并发肺炎。康熙为此十分担忧，随从官员恐皇上年事已高而病倒，劝康熙不要太着急。只有皇太子无动于衷，康熙因此大为生气，责备皇太子不念兄弟之情，但太子反而愤然发怒。这件事使康熙看到了太子的冷漠无情，他既伤心、又担心。做太子时尚且如此，他日登上皇位、一手遮天，诸皇子又该如何？

除此之外康熙还发现太子每到夜晚便贴近他的帐篷，从缝隙向里窥视。他怀疑太子将有异动，因而将计划提前，决心立即废掉太子。在外巡视期间，一心争夺储位的皇长子胤禔跟在康熙身边，说尽太子坏话，极力撺掇康熙废掉太子，某种程度对废太子一事起了推波助澜的作用。

九月十六日，康熙回到北京，下令在上驷院旁设毡帷囚禁胤礽，并命皇四子胤禛与皇长子胤禔共同看守。当天，召见诸王、贝勒等副都统以上大臣、九卿等在午门内集会，宣谕拘执太子胤礽之事。二十四日，正式下令废太子，并将其幽禁在咸安宫，与此同时，心爱的皇十八子病逝。这两件事，使康熙悲愤交加，心力交瘁。他多么希望诸皇子能够和睦相处，不再有伤心事发生。但是事与愿违，皇宫里的政治斗争正是由于皇太子被废，而正式拉开序幕。

铁腕改革，严苛雍正力挽狂澜

雍正的才能、性格，对于他的政治表现给予重大影响，使它赋有他的特色、他的形象。政治像人，也有鲜明的个性，雍正如果不是那样的性格，他的时代的面貌也将不完全是那个样子。

雍正处理事务，非常仔细认真。即使是细微之处，雍正也明察秋毫，屡屡发现臣下的疏忽大意、草率从事或掩饰过愆之处。雍正元年，年羹尧上一奏折，大学士已经议论回复；后蔡珽有同样内容的折子上奏，大学士没有察觉，呈交雍正，雍正注意到了，批评他们"漫不经心"。

雍正六年，署理浙江总督蔡桂上奏折说明侦稽甘凤池之事，雍正阅后批示："前既奏过。今又照样抄誊渎奏，是何意耶？"具体上奏人忘了这是重复奏报，但日理万机的皇帝对其前折倒是印象很深。

雍正办事之小心处处可见。

他说："朕于政事，从来不惮细密，非过为搜求也。"

可见，他不是挑大臣们的刺，而是他本身办事认真精细的习惯使然，并不断以此要臣下和他一样紧张忙碌。

雍正不许官员设立戏班，原因是多方面的。怕他们贪污腐化，耽于朝政，败坏风俗，则是首先考虑的。担心"以看戏为事，诸务俱以废弛"。

由于官员们办事拖沓，因循迟延，加上个别怠惰早退，使雍正极为恼火，于是命令他们每天到圆明园值班，日未出时就要到宫门，日落以后才准下班。他们都住在城里，如此往返疲惫不堪。

其实，我们现实生活不也如此吗？只要你办事小心认真，别人就抓不到你的把柄，反而会投给你以崇敬的眼光。

雍正每日召见大臣，议决事情。当西北两路用兵时，一日面见军机大臣数次，晚上也要召见，他看官员的本章、奏折，认真而外，处理及时。今天的事今天了结是雍正的风格。

如在河南巡抚田文镜雍正三年四月十七日奏折上朱批，询问年羹尧向河南运送资财的去向和河北镇总兵纪成斌的为人。五月初七日田文镜回奏报告说已派人了解年的问题，并谈了对纪的印象。四月十六日至五月初六日，头尾算上才 20 天，他们君臣的笔谈，就进行了一个来回。

五月二十六日，田文镜进一步上奏说明年、纪二人的情况。雍正阅后，在朱批中又问及道员佟世鏻的为人。同一天，田文镜还进呈了一谢恩折，雍正也写了朱批，到六月十三日，田文镜就见到这份朱批了。田文镜随后于二十一日向雍正奏报了佟世鏻的问题。这其中总共16 天。

开封到北京的路程是 1600 里，来回 3200 里。这些奏折，都由田文镜家人呈递，不可能像驿站传送公文那样，可以日行达三四百里、四五百里，所以这 16 天，主要是路上来回占用了。

雍正一收到奏折马上批阅，随即发出。他常以不过夜的态度看臣下的折子，因而很快掌握了各方面的情况。并不因为是些平常的事情而拖延，可见行政效率之高。

对雍正事无巨细均亲自处理的作风，有些大臣不以为然。认为雍正胡子眉毛一把抓，太"烦苛琐细"，希望人君不要亲理庶务。

雍正对此辩解说，他是效法康熙 60 余年的勤政精神，并且强调自己正当年富力强之时，不可稍图暇逸。

他说，如果大家都效忠为国，努力做事。奏章再多，我个人也乐于浏览，并不觉得是一件辛苦的事。如果众人都苟且颓唐，导致政务废弛，一天没有一份奏章，我心里倒是忐忑不安。

二年七月，雍正在《御制朋党论》中，把反对他躬理细务的人归之朋党，认为他们担心当今君主英明，只是想方设法蒙蔽君主来谋取个人的私利，实在可恶。

话都这么说了，谁还敢非议雍正亲理庶务？朝乾夕惕，励精图治，雍正是当之无愧的。

雍正的性格刚毅果断，他对一件事情的利弊，一旦有所把握，就做出裁决，力求达到目的。

雍正五年，雍正朱批指出浙闽总督高其倬办事优柔寡断，于是写了一段话来训勉他，现在来看，雍正这个批示不仅道理讲得极透彻，比喻用得很好。且文字很是优美顺畅，逻辑性强。不妨全文录下，与读者诸君共赏：

"观汝办理诸务，必先将两边情理论一精详，周围弊效讲一透彻，方欲兴此一利，而又虑彼一害，甫欲除彼一害，而又不忍弃此一利，辗转游移，毫无定见。若是则天下无可办之事矣。夫人之处世如行路，然断不能自始至终尽遇坦途顺境，既无风雨困顿，又无山川险阻，所以古人多咏行路难，盖大有寓意存焉。凡举一事，他人之扰乱阻挠已不可当，何堪自复犹豫疑难，百端交集，如蚕吐丝，以缚其身耶！世间事，要当审择一是处，力行之，其余利害是非，概弗左盼右顾，一切扰乱阻挠，不为纤毫摇动，操此坚耐不拔之志以往，庶几有成。及事成后，害者利矣，非者是矣。无知阻挠之辈，不屏自息矣。今汝则不然。一味优柔不断，依违莫决，朕甚忧汝不克胜任，有关国家用人之得失，奈何！奈何！"

与其说雍正在教导部下，不如说是雍正在勉励自己。教训手下不要优柔寡断，其意是在说明自己刚毅果断。

雍正性格的刚毅果断，表现在政治上就是决策果断。如果对一件事情的利弊，一旦有所把握，就做出裁决。

如实行摊丁入粮，又如倡议耗羡归公，最先都遭到廷臣的强烈反对，但正是雍正的极力坚持，才全面推行。

雍正在推行新政策和整顿吏治期间，大批地罢黜不称职官员，同时破格提升了不少人才，别人批评他"进人太骤，退人太速"，但雍正对此毫无顾忌，坚持到底。正是雍正的坚毅果断，才使得他的许多重大的社会政策能延续下来。

所谓物极必反，刚毅果断过头，不免要急躁匆忙。

雍正少年时代就有性格不定的倾向，忽喜忽怒，性格暴躁难以控制。康熙对这四王爷的性格不敢恭维，说他喜怒不定，并教训他要"戒急用忍"，后雍正把父亲的教诲置于床前，每日揣摩思考，以"动心忍性"。

后来，雍正认为自己已过而立之年，居心行事，性格已经稳定，不再像年轻时那样喜怒无常，特向父亲说明，并请求不要把当时的谕旨记载在档案里。康熙同意了雍正的请求，说这十几年来四阿哥确实没有这种情况了，可以免于记载。

至于雍正是否已经彻底改变，或者仅仅是迫于父亲威严而动心忍性，现在不得而知，但从其后来的执政倾向，不难看到年轻时雍正的影子。

当然，雍正是在努力改变他的急脾气，如在储位斗争时，雍正大搞佛学研究，大概也有动心忍性的意思。在当上皇帝以后，在给李绂的朱批中雍正写道："朕经历世故多年，所以动心忍性处实不寻常。"

可见，雍正还是留心不犯老毛病。并且表示："朕不甘为轻举妄动之人主。"

看来，经多年磨砺，雍正的自控能力还是很强的。

然而，雍正的许多政策现在来看，往往有一时冲动的嫌疑。如强迫福建和广东人学习官话（看来，这是个历史遗留问题），坚持到处宣讲他的《圣谕广训》，停止浙江人的乡会试等等，都是一时发怒的结果。并没有通盘考虑。

对待官员，雍正更是喜怒不定，让手下官员个个胆战心惊。"伴君如伴虎"，此话不假，更不要说天性暴躁的雍正了。

如雍正对福建陆路提督丁士杰原是赏识提拔，后因小事遭到雍正的破口大骂，过了十几天，雍正又重新夸奖起他来。雍正喜怒无常的性格由此可见。

著名清史专家冯尔康先生如此概括雍正的性格：雍正的自信心有助于他的坚强果敢，但是自信太过，作为皇帝，就容易阻塞言路，影响了政治的改良。

雍正的刚愎自用，当时朝中颇有微词，说他"性高傲而又猜忌，自以为天下事无不知无不能者"，"群臣莫能矫其非"，"为人自圣"等等。有人说雍正听不得不同意见，不能采纳臣下的建议，这有一定依据，但不完全符合事实，其实，雍正对于自己所犯的错误还是常常勇于承认的。

如雍正四年九月，甘肃巡抚石文焯为了禁绝私钱，建议在甘肃开炉铸钱。雍正最初朱批不允。但不久，雍正就改变了态度。

他写道："禁止私钱一事，果如所议，钱法既清，而民用亦裕，区画甚属妥协。彼时朕虑未周详，故谕暂缓，今已准部议矣。"

老老实实承认自己原来考虑不周全，对于一向圣明的皇帝来讲，殊为难得。这样，雍正很自然地把事情改过来。

雍正标榜说："朕非文过饰非之人。人非圣贤，孰能无过。尔等果能指摘朕过，朕心甚喜。君子之过也如日月之食，人皆见之，及其更也，人皆仰之。改过是天下第一等好事，有何系吝。"

雍正是个为政务实的君主，不可能事事都文过饰非、刚愎自用。但是他确实有许多过于自信而匆忙行动的措施。大概是由于改革心切而又未能动员各方力量所致，他的勇于认错也多少弥补了这点不足。

总之，雍正时代因为雍正鲜明的个性而打上强势改革的印记，这是后人无法否认的事实。

运气到了，皇位一样手到擒来

能当上皇帝的人自然有福气，但像乾隆皇帝这么有福气的皇帝不多：天生聪颖，在众多的候选者中早早地确立了地位，祖父辈留下了一份资产优厚的庞大家业，当政60年，活到了80多岁。一个人一生当中占到其中一条就足以让人羡慕，而乾隆则条条占绝，真可谓洪福齐天。

乾隆帝是雍正帝的第四子、康熙帝的孙子。他能承继父祖之业，登上皇帝的宝座，是与祖父康熙帝在世时对他的宠爱、培养有很大关系。乾隆帝生于康熙五十年（公元1711年）八月十三日，取名弘历。6岁时，开始入学读书，请庶吉士（官名）福敏做老师，传授知识。他很聪明，据说，凡学过的知识，他都能过目成诵。11岁那年，他随父进圆明园，拜见祖父康熙帝。祖父看到这个年幼的孙子聪明俊秀，很是喜欢。命带回宫中抚养，交给皇后的妹妹贵妃佟佳氏与和妃瓜尔佳氏代为培养。看得出来，祖父对他的钟爱远远超过了其他皇孙。不仅如此，祖父还不止一次亲自给他讲课，曾用《爱莲说》来考问，弘历不慌不忙，对答如流。祖父更加高兴，百般夸奖他。为了进一步培养自己喜爱的孙子，康熙帝责令他的一个叔叔果亲王允礼传授操作火器的技艺，让他的另一个叔叔贝勒允祎教他骑马射箭。他很听话，勤学苦练，技艺与日俱增。后来，他果然成为一个精于骑射的能手。

康熙六十一年（公元 1722 年）夏，康熙帝赴承德避暑山庄消夏。乾隆也随父母前往，祖父把他安排在"万壑松风"书房继续读书。有一天，他随父母前去给祖父请安。康熙一见到孙子，非常高兴，满面笑容，不禁连声称赞："这是个有福的孩子。"含义深远，寄托了无限的希望。

围猎是皇帝在山庄的一项重要活动。有一天，康熙帝带领诸臣出了山庄，举行围猎，也让乾隆跟随。进入永安莽喀围场后，康熙帝遇到一只熊，立即用枪把熊射中，翻倒在地。康熙帝以为熊已射死，就命乾隆射这只死熊。他的本意，是把射熊的功劳归于孙子，也是图个吉兆，再说也是对孙子的实际训练。乾隆应命上马，还未及举枪，熊突然站立起来，急欲向 11 岁的小孩子扑来。面对这只突然站立的庞然大物，乾隆毫不惊慌，面色自若。康熙帝见此危险情景，连忙又向熊补射了一枪，将熊击毙。康熙帝这才松了一口气。回到营帐后，他对妃嫔们说："这孩子真是有福，将来更会超过朕！"乾隆的幸运，就在于他还没接近熊的时候，熊先站立起来，给康熙再补射一枪提供了难得的机会，也使他的孙子脱离了险境，否则，乾隆接近熊时就非常危险了，后果不堪设想。这件事，康熙帝看作是天意，就是说，天在护佑着他的孙子，也是在暗示他的这个孙子将来必登帝位，所以康熙帝认为他的这个孙子将来比他的福分还大！

历来对雍正帝的即位有种种猜测，而说他阴谋夺位的传说更为广泛。但也有一种说法，认为康熙帝慧眼识乾隆，为了保证自己钟爱的孙子顺天意即位，才选择乾隆的父亲雍正做他的继承人。当雍正帝逝世时，取出他生前秘密提名即位人的封匣，宣布即位人就是乾隆。其中写道："宗室亲王皇四子弘历秉性仁慈，居心孝顺，处事平和，圣祖仁皇帝唯独对他最为钟爱，在宫中抚养，给他的恩惠最多，超出了正常的规定……"雍正帝选择乾隆即皇位，可以说，是按照康熙帝的遗愿所做了的选择。

乾隆的盛世，绝不是躺赢得来的

乾隆是个生逢盛世的太平皇帝，自皇太极到他这儿已经是第五代了。从历史上的经验来看，西汉东汉也好，两宋唐明也罢，到了这个时候的皇帝大都是坐吃山空的主儿，即使不是败家子，也多平庸无为。乾隆不同，他风流倜傥不假，治理天下也毫不含糊。

乾隆对康熙、雍正的治国方针进行了认真的反思，康熙以"宽"成功，但是因为过宽，遂使晚年吏治败坏，贪风盛行；雍正以"严"取胜，但因为过严，致使大案迭起，诛戮甚众，群臣惶恐。乾隆初拟定以"政尚宽大"为方针来治理国家，这无疑是正确的、适时的。然而，从严酷到宽容，从烦苛到宽松，说起来容易做起来难，因为这是一个非常大的转变，而且是一个很难实现的转变。之所以这样说，首先在于清朝诸帝皆一致强调"敬天法祖"，都以尽孝为律己治国之首务，均赞颂先帝是神纵英武，标榜自己是循皇父旧制扬先祖之业绩。

在这样的形势下，要指责前君的弊政并予以废除和纠正，是要冒很大风险的，有可能被扣上忤逆不孝、擅改祖制的罪名。打破"三年无改父道"陈规固然属于不易，还有更重要的一条，即是新君执政不久，威望甚低，所用大学士、军机大臣、部院尚书和督抚将军，基本上是先皇倚重的大臣，那些弊端多系他们经办，他们从中获得了巨大的政治利益，不少人就是凭靠苛刻而由末弁微员青云直上荣任大臣的，他们能紧跟新皇一起，无所保留地革弊兴利吗？

虽然面临层层障碍和不小的阻力，乾隆并未胆怯畏缩、犹豫迟疑。这位从小凭借皇祖皇父宠幸、个人才干突出于诸弟兄而君临天下的年轻皇帝，继承了列祖列宗勇于进取、善于制胜的传统，于是，他决心推行"以宽代严，气度恢宏"的才智。一个杰出的统治者，要勇于进取，敢于根据实际情况因时损益地制定政策。因时损益，即以自己拥有的全部权威，扫清实行新政道路上的障碍，使之能被执行，并且还要善于做思想论证，阐明自己政策的正确性和必要性，大张旗鼓地晓谕臣下和人民，竭力使他们信服。

乾隆告诫臣下："一切官员，皆当自度力量识见，缓缓为之，不可为近功邀利之举。"即是说：欲速则不达，凡事要循序渐进，有病要慢慢医治，不可下猛药，以免适得其反。他还说："当今之政，莫若谨守皇考 13 年以来之整理，而向日一二奉行不善，过于苛细者，渐次缓政，则吏治而民安，毋庸我君臣汲汲遑遑。"这其实就是乾隆的"宽缓"之举，反映了他初政时期所行方针的一些特色，甚至在一定程度上体现了他执政 60 年的政治形势和方向。

自即位起，乾隆就毅然改弦易辙，以化解积存的社会矛盾，收拢人心，但他从感情上并不想伤害雍正的前政，从策略上又不愿让人觉察到国家有什么不安定的征兆，于是他巧妙地把改变施政方针的主动权交给了已经死去的雍正。在即位后宣布的大行皇帝遗诏中，乾隆很巧妙地把雍正王朝统治严苛的原因归罪于各级官员，而把转变指导方针的必要性解释为是"皇考遗训"，为自己更改先父政治方针找到了合法而无懈可击的理由，以使最大限度地减少革新的阻力，顺利实现政策的过渡。乾隆所宣布的雍正遗诏，其中说道：

"至于国家刑罚禁令之设，所以诘奸除暴，惩贪除邪，以端风俗，以肃官方者也。然宽严之用，又必因乎其实。从前朕见人情刻薄，官吏营私，相习成风，罔知省改，势不得不惩治整理，以戒将来，令人心共知儆惕矣。凡各衙门条例，有从前本严，而朕改易从宽者。此乃从前部臣定议未协，朕与廷臣悉心斟酌而后更定，以垂永久者，应照更定之例行。若从前之例本宽，而朕改易从严者，应照更定之例行。若从前之例本宽，而朕改易从严者，此乃整饬人心风俗之计。原欲暂行于一时，俟诸弊革除之后，仍可酌复旧章。此朕本意也。"

从另一方面来讲，所宣布的"皇考遗训"也不完全是乾隆强加在雍正身上的，雍正帝在世时为人精明无比，至执政晚期他原本想从宽治国。雍正帝曾经在"遗诏大意"中表示："朕夙夜忧勤，唯体圣祖（康熙）之心为心，法圣祖之政为政。"只是到了晚年，他的政令苛严早已成为规定，若马上改行易帜，恐造成政治混乱，所以就想以潜移默化之法徐而更渐，来慢慢地改变，但因他寿命已到，无法实现自己的心愿了。在这样的情况下，乾隆要推出自己的新政，讲康熙的"宽仁"和雍正的"严明"并用，既不宽大无边，也不繁苛累民，其核心宗旨即是"宽严相济"，采取执中政策。乾隆大帝少时既熟读《礼记》，又得祖父康熙真传，深知中庸是最高美德，并把它作为处理政事的基本原则和方法，自然在施政上有别于其父，他不仅成功地改变了雍正的某些政策措施，消除了很多弊端，并且提出了"中道政治"和"宽严相济"的施政方针，为自己的政策转变制造根据，进行舆论宣传。他为此而宣称：

"治天下之道，贵得其中，故宽则纠之以猛，猛则济之以宽。而称一张一弛，为文武之道。凡以求协乎中，非可以矫枉过正也。皇祖圣祖仁皇帝深仁厚泽，垂六十年，休养生息，民物恬熙。循是以往，恐有过宽之弊，我皇考绍承大统，振饬纪纲，俾吏治澄清，庶事厘正，人知畏法远罪，而不敢萌侥幸之心。此皇考之因时更化，所以导之于中，而整肃官方，无非惠爱斯民之至意也。皇考尝以朕为赋性宽缓，屡教诫之。朕仰承圣训，深用警惕，兹当御极之初，时时以皇考之心为心，即以皇考之政为政，唯思刚柔相济……以臻平康正直之治。夫整饬之与严厉，宽大之与废弛，相似而实不同。朕之所谓宽者，如兵丁之宜有恤，百姓之宜惠保，而非罪恶之可以悉赦，刑罚之可以姑纵，与庶政之可以怠荒而不理也。"

乾隆虽以"宽广"为方针，但也不忘律之以严。在他的新政刚实行了两个多月，就发现："近日王大臣等所办事务，颇有迟缓疏纵之处，想以朕宽大居心，诸臣办理，可以无事于整饬耶？此则不谅朕心，而与朕用宽之意相左矣。"也许他这是借故显示皇父雍正严苛的正确性，表示自己对父道的至孝至敬，但他毕竟明白：在纠正一种政治极端的时候，必须谨防另一政治极端的产生，用今人的话说就是要防止一种倾向掩盖另一种倾向。纠正雍正的苛严不算难，难的是要同时防止宽纵、因循的弊病抬头，重蹈祖父康熙晚年政治的覆辙。

在上面的谕旨中，乾隆一方面肯定了皇祖以宽治国方针的正确，认为这项方针使国家太平、人民安居乐业，全国一片欢乐景象；二是肯定皇父雍正的严猛是出于形势需要，为纠正过宽之弊，因而振饬朝纲，目的还是为了"惠爱"人民，究其用心而论，与康熙的宽大方针并不矛盾。最后，乾隆很巧妙地回到了主题，即正式宣布以宽治国，详细论证自己主"宽"十分必要，是因时制宜，以柔克刚，相辅相成，与皇父之政并不冲突，要求总理事务大臣认真体会自己的"宽大居心"和"用善之意"，严明振作，便能达到"常用其宽，而收宽之效"，并且要求臣子不能因此而流于废弛，否则自己将施以严惩。

无论是按照乾隆的说法还是在事实上，康、雍、乾三朝总的方针的确是一脉相承、并无差别的，只是具体的政策措施因时变异，各有特色。乾隆说雍正的严是不得已，是为了纠正康熙晚年宽纵之弊，而他自己修正雍正的政策，同样出于不得已。他说："朕即位以来，深知以前奉行之不善，留心经理，不过欲减去繁苛，与民休息"，"朕自嗣位以来，蠲免租赋，豁除赔累，裁革积弊，广增赦条，无非惠保良民，使得从容休息，衣食滋植"。由此，乾隆认为他和康熙、雍正祖孙三代总的政治方针并无质的变化，只是因时制宜，针对政治上这样或那样的弊端而采取或宽或严的措施，仅是"酌量调剂"而非"轻议更张"。他说："朕仰承皇考贻谋远略，一切章程，唯有守而不失，间或法久弊生，随时斟酌调剂则可，若欲轻议更张，不独势有不可，亦朕之薄德，力有所不能。"

为了能使新政得以顺利实行，巧用移花接木之术，在不变之中应万变，促使臣子心悦诚服地转变施政的态度，乾隆再三强调自己是在继承祖、父之业："朕凡用人行政，皆以皇考为法，间有一二事酌量从宽之处，亦系遵奉皇考遗诏，并非故示优容。"看起来，乾隆是多么孝顺，什么都按雍正的政策办事，即使行使宽大措施，也是遵照父亲的遗命。无论其真假，仁义之心可鉴。这些都为他清除施政道路上的障碍奠下基础，使自己的目的得以实现，新政名正言顺地被臣民所接受了。

又效祖父巡江南，写满风流

"风流总被雨打风吹去"，200 年间，乾隆的六下江南被披上了各式各样的神秘外衣，是啊，皇帝之尊，风流之躯，似锦江南，青楼歌女，这都是戏说的最佳材料。其实说到底很简单，一个既自尊又自豪的皇帝，在深宫之中待腻了，出去散散心顺便显摆一下自己的尊威和豪气而已。

乾隆皇帝从小就对他的祖父康熙皇帝推崇备至，康熙在位时曾经六次南巡江浙，乾隆对此更是羡慕不已。

康熙是中国历史上最有作为的君主之一，他的六次南巡主要是为了加强对东南的统治，同时治理黄河，推动江南社会经济的发展。乾隆时期，经过百余年休养生息，国力空前强大，社会经济高度繁荣。在这个时候，乾隆巡幸东南，和康熙相比，其目的已经有了很大变化。除了冠冕堂皇地"法祖省方"，治理黄河、修筑海塘外，还有一个没有公开却很重要的目的，那就是游山玩水。乾隆亲口说，"江南名胜甲天下"，希望"眺览山川之佳秀，民物之丰美"。于是打着孝敬母后的招牌纵情山水，而且到处捞孝子美名，可谓是乾隆南巡的一大特征。

然而，乾隆南巡却在即位 14 年后才首次提出，16 年方得以举行。造成这种情况的关键原因是：乾隆认为南巡是一个极为重要的大典，如果当政初期就到东南游玩，对自己名声没有好处。他需要经过一段时间，在百姓中树立起贤明的形象后再巡幸东南。从即位到乾隆十四年（公元 1749 年），他成功地解决了西南苗民问题，降伏了四川的金川土司，社会经济文化也有了一定的发展。因此，到这个时候，他开始向文武大臣暗示南巡一事，极善逢迎的地方官急忙以"江南绅士百姓殷切盼望皇上巡幸"为理由，请求举行南巡大典。乾隆得到奏折当然高兴，连忙令廷臣议论此事，大学士、九卿遂引经据典，表示南巡关系到地方军政、河务海防以及民间疾苦，必须举行。于是乾隆的江南之行就这样定下来了。

乾隆初年未能举行南巡之典的另一个原因，还和当时清政府人事变动有关。乾隆即位后相当长一段时间，在朝中管事的是鄂尔泰、张廷玉等人，他们都是雍正遗诏中指定的辅政大臣，资历很深，影响很大。虽说乾隆掌握着绝对权力，但对这样的先朝老臣也不敢轻看，格外尊重。然而，鄂尔泰、张廷玉凡事谨慎，为政清俭，当他们在朝时如提出南巡一事，恐怕很难不遭到抵制或反对。乾隆十年（公元 1745 年）鄂尔泰去世，十四年张廷玉退休，这样，南巡的障碍就基本消除了。一旦"道路"扫清，乾隆遂迫不及待地实施南巡之议，经过将近两年的准备，乾隆十六年（公元 1751 年）二月初八日，乾隆皇帝开始了一生中第一次江南之行，去了江苏淮安。

第一次南巡以后，乾隆还在后来的 30 余年中分别举行了另外五次。第二次在二十二年（公元 1757 年），第三次在二十七年（公元 1762 年），第四次在三十年（公元 1765 年）。这四次南巡都打着奉太后巡幸的旗号。

后来，皇太后年龄实在太大，经受不住千里辛劳，南巡之事只好暂时停止。四十二年（公元1777年），皇太后病逝，此后乾隆又两次南巡，一次在四十五年（公元1780年），一次在四十九年（公元1784年），到此为止，六次"法祖省方"最终结束。

乾隆历次南巡一般都在正月十五前后从北京出发，陆路经直隶、山东到江苏的清口渡黄河，乘船沿运河南下，经扬州、镇江、丹阳、常州、苏州进入浙江境内，再由嘉兴、石门抵达杭州。回銮时，绕道江宁（今南京），祭明太祖陵，检阅部队，于四月下旬或五月初返回京师，到安佑宫行礼，还圆明园。南巡从北京到杭州，往返水陆路行程共5800余里，陆路每日行60里左右。御道非常讲究，标准是帮宽3尺，中心正路16尺，两旁各7尺，均要求坚实、平整，不仅如此，御道还要求笔直，不得随意弯曲，为此，许多民居被拆毁，坟墓被挖掘，良田被毁坏。除此之外，凡是石桥石板，都要用黄土铺垫，经过地方，一律泼水清尘。乾隆每到一处，备有专人介绍地理位置、历史沿革，以及风土人情，并呈地图加以说明。除行宫外，许多地方还搭黄布城和蒙古包帐房以供住宿，每隔几十里设有尖营，供乾隆小憩打尖之用。进入江南，多系水程，速度稍快，每天可走八九十里。南巡船队大小船只共千余艘，浩浩荡荡，旌旗招展。乾隆御舟称安福舻和翔凤艇。船队最前面是乾清门侍卫和御前侍卫的船只，随后则是内阁官员船只，御舟居于船队中央。御舟所用拉纤河兵3600人，分作6班，每班600人。这些河兵大多不属正规部队，而是由民壮或民夫充当。在御舟所经的支港河汊、桥头村口，设有兵丁守护，禁止民舟出入。御舟停靠的码头一般距县城一二里或三四里，码头上铺陈棕毯，设有大营约50丈以供皇帝住宿，皇太后大营25丈，设在船上。此外还在码头设有四方帐房、圆顶帐房、耳房帐房，以备风浪大时使用。这些设置一般在御舟抵达之前就准备好了，第二天清早，御舟出发即予拆除。

　　乾隆就是如此声势浩大地举行了六次南巡，既表现出清朝国势的强大，也达到了一定的政治目的，但同时也劳民伤财，给百姓带来了许多不必要的重负。

第四章

盛极而卷衰：下山的路，
每走一步都是屈辱

这皇帝做的，窝囊到家了

在其位而不得其权，这种滋味一定很不好受，要命的是，除了一个虽然年老但仍然聪明的太上皇之外，还有一个权倾朝野、眼里只有太上皇的"宰相"，看来，嘉庆皇帝的夹板气是受定了。不过，能够低眉顺目地当上3年这样的夹板皇帝的人，绝对不是三国时曹髦那样的凡夫俗子。

乾隆六十年（公元1795年），在皇位上坐了60年86岁高龄的乾隆皇帝决定禅位给自己的第15个儿子嘉亲王颙琰，自己退位当太上皇。

嘉庆元年（公元1796年）正月，紫禁城里举行了庄严而隆重的禅位仪式。颙琰陪同乾隆到奉先殿等处行了礼，又在太和殿接过了乾隆亲授的玉玺，并正式改元为嘉庆。

颙琰生于乾隆二十五年（公元1760年），乾隆五十四年被封为嘉亲王。他的母亲魏佳氏是乾隆的妃子，其祖上本来是汉族人，后来入了旗籍。颙琰自幼受到严格的教育，举止端庄凝重，为人内向多思。从6岁起开始跟随皇家师傅读书。到13岁时，已经熟通了四书五经。颙琰天资聪颖，文思敏捷，文章写得很好。乾隆皇帝是个通达诗歌词赋、喜欢吟风弄月的人，他对颙琰的聪明是很赞赏的。有一次，乾隆在上元节摆设盛宴款待外藩重臣，特意让当时年仅14岁的颙琰参加，体现了他对颙琰的疼爱和器重。

乾隆皇帝晚年一直被立储的问题困扰着，他的诸皇子中，有的已经死去，有的对当皇帝根本不感兴趣，还有的生怕招来杀身之祸，因此敬而远之。嘉庆皇帝的即位看似一帆风顺，但细细体会也有起伏跌宕之处。雍正皇帝在位期间，当时还是宝亲王的乾隆皇帝的第二子出生了，这个儿子是乾隆的嫡福晋所生。由于以前的皇帝没有一位是嫡长子，所以雍正皇帝非常重视这个孙子，并亲自赐名永琏，暗示在乾隆之后立他为皇帝。乾隆皇帝即位后，马上将传位永琏的诏书放在了正大光明匾后，谁知永琏并不是当皇帝的命，只活了9年就离开了人世。其后不久，皇后又生下了皇七子永琮，一心想完成祖先遗愿的乾隆皇帝，马上决定立这位嫡子为太子。谁知传位永琮的诏书刚放到正大光明匾后，两岁的永琮也离开了人间。连丧两子的乾隆皇帝，再也不敢立嫡子为太子，更不敢将传位诏书放在正大光明匾后边了。这样，乾隆皇帝只得在庶出的皇子中选择了忠厚老实的颙琰，而且，为了不让老天夺走他这个儿子，乾隆帝一直没敢宣布立他为太子。直到即将禅位前一年，才正式公之于众。

嘉庆即位后，他那位自称是"十全武功"的父亲、太上皇乾隆却仍然贪恋君临天下的权势，宣称自己健康状况依然很好，每天都是勤勉不倦地处理政事，继续把握着大清朝的一切军政大权，各项用人理政的措施都要由他来决断。嘉庆只好充当了傀儡皇帝的角色，他每天除了批阅奏章、接见臣僚，就是陪同乾隆四处巡游、打猎，参加各种宴会，有时也率领皇子们练习弓马骑射。乾隆皇帝不肯让权给嘉庆，在史书上有很多记载。比如说，嘉庆每每遇到军国大事，都要到内廷请乾隆皇帝裁决，自己不敢擅作主张。按理说，嘉庆登基后，更改年号，所有的官书也应该随之更改，可当时却存在两种时宪书。颁给内廷和亲近王公大臣的，使用乾隆年号记年，而全国发行的时宪书一律采用嘉庆年号。时宪书就是历书，一般家家户户都要备上一本，故传布甚广。在宫廷中，有乾隆六十一年至六十四年的时宪书，世人视为珍本。而且，这件事在朝鲜的史书中也有记载，当年朝鲜使臣到北京后，本来应该由嘉庆皇帝接见的，但是朝鲜的使臣回国后，却只知道有乾隆，而不知有嘉庆，由此可见，嘉庆这个皇帝只不过是个操纵在乾隆手里的木偶。

嘉庆皇帝的有名无权，还表现在对和珅的处理上。嘉庆对和珅的痛恨由来已久，他早就想把和珅除掉，但无奈自己没有实权。乾隆禅位给嘉庆后，和珅见乾隆无意交出大权，更加猖狂。嘉庆皇帝想召自己的老师朱珪回京，和珅就跑到太上皇乾隆那里搬弄是非，说嘉庆是在趁机笼络人，乾隆信以为真，十分生气，就下旨把朱珪外放到安徽做官。有了乾隆的支持，和珅更加有恃无恐。这时的乾隆毕竟已经是一位80多岁的老人了，未免有些糊涂，和珅就成了乾隆的传话筒，乾隆的很多旨意都由和珅来传达，因此和珅根本就不把嘉庆皇帝放在眼里。

嘉庆四年（公元1799年）乾隆皇帝寿终正寝，享年89岁，是历代封建帝王中的长寿冠军。至此，嘉庆皇帝才开始真正的亲政，这时，他已经39岁了。

和珅，咱们是时候算一下总账了

皇帝与权臣的关系，类似于猫与老鼠，皇帝虽然是天生吃老鼠的猫，但被硕鼠所伤所吃的例子屡见不鲜，这种事在汉唐时代尤多。但是在清朝，大臣不管曾经多么不可一世，也只是皇帝的奴才，孙猴子一个筋斗10万8千里，也逃不出如来佛的手掌心，嘉庆轻轻一捏拿下耀武扬威数十年的和珅就是一例。

清朝开国清太宗皇太极在世时，曾告诫他的兄弟子侄们说："钱财乃身外之物，不可过多谋取，唯建功立业才能永垂不朽啊！"可惜，身居宰相高位的和珅一点也不懂这个道理，从步入官场时起就拼命谋取财富，手段无所不用其极，明取暗夺，毫无顾忌。在20年中，他谋取的财富堆积如山，金钱之多，相当全国数年财政收入的总和。可是，他不曾想到，这些庞大的财富终于给他带来杀身之祸，落得遗臭万年的可悲下场……

当乾隆帝坐满60年的皇帝宝座时，决定把他的皇位让给他的第15子颙琰，第二年改年号为嘉庆元年。乾隆帝虽说退位，为太上皇，仍然操纵国家大权。和珅骄横、专权，仍有恃无恐，不知收敛。嘉庆帝看在眼里，恨在心上，下决心除掉他。其实，痛恨和珅的岂止嘉庆帝一人！那些遭受和珅打击、迫害的人对和珅有切齿之恨，自不必说；还有许多具有正义感的人，都看到和珅作恶累累，敢怒而不敢言，等待时机，同他算账！

和珅倒运的日子终于来到了。嘉庆四年（公元1799年）正月初三，乾隆帝在养心殿病逝。从这时起，嘉庆帝才开始亲政。他首先向全国发布一道谕旨，宣布他的施政方针，其中，痛斥官场中种种恶习和腐败作风，要求各级官吏重新振作精神，匡救时弊，整治吏治。

嘉庆帝的号召一发表，朝廷的一些大小官员就积极响应，不约而同地把矛头指向了和珅。给事中王念孙首先挺身而出，大胆揭发和珅的罪行，顿时，引发连锁反应。御史胡季堂继其后，一一列举和珅的种种不法行径，并把嘉庆帝在谕旨中列举的问题统统归罪于和珅，坚决要求给予严厉制裁。

嘉庆帝就借这个机会，迅速行动，立即撤销和珅的一切职务，逮捕审讯。和珅失去了乾隆帝的庇护，乖乖就擒，昔日的权势与威风霎时扫地！和珅的同伙、党羽个个惊慌失措，树倒猢狲散，纷纷反戈一击，揭发他的罪行，目的是免使自己受牵连。

嘉庆指令五大臣联合审讯和珅，之后，他还亲自当面提审，以掌握和珅的犯罪事实。他曾问和珅："你家中用楠木建房，僭越制度规定，是不是自宫中窃出？房建均照宁寿宫式样，是何居心？"和珅交代说："楠木是奴才自己买的，曾派胡太监往宁寿宫画下图样仿造的，所以与宫中一样。其中水晶柱系由宫中窃出。"

"你家所藏珍珠手串有二百串之多，较皇宫所有还多三倍，其中大珠比朕帽顶戴的还大，所有宝石也比内务府更多更好。这些宝物都是从哪来的，岂不是你贪盗的明证吗？"

"回皇上，诸物都是各地官吏所送，大半是武官送我的。"

嘉庆帝还审问出宫的女子被选入和珅家中，擅坐椅轿，出入皇宫等等，和珅都逐项招认。

在审讯的同时，嘉庆帝已派出大臣查封了和珅的全部家产。在搞清了和珅的犯罪事实后，嘉庆帝向全国发布谕旨，宣布和珅共有 20 条大罪：

朕于乾隆六十年九月三日，蒙皇考（指乾隆帝）册封太子，尚未宣布，而和珅竟提前在朕面前漏泄机密，以吊取拥戴之功，大罪一。上年正月皇考在圆明园召见，和珅竟骑马直进中左门，过正大光明殿，无父无君，大罪二；乘坐椅轿，抬入宫内禁区，众目所视，肆无忌惮，大罪三；私娶宫女为次妻，大罪四；川、楚（湖南）"教匪"（指白莲教）造反，大罪五；和珅扣压各路军情，不向朝廷报告，大罪六；皇考带病批阅奏章，间有模糊之字，和珅竟说不如撕去另拟，大罪七；管理吏户刑三部，将户部事务一人把持，变更成法，不许部臣参议一字，大罪八；西宁发生贼众抢劫杀伤，将原奏折驳回，隐瞒不办，大罪九；皇考升天，朕令蒙古王公未出痘者不必来京，而和珅胆敢违抗，下令无论出痘与否都不必来京，大罪十；大学士苏凌阳衰老不堪任用，因与和珅之弟和琳为姻亲关系，竟起用而不报告，大罪十一；军机处记名人员随意撤去，大罪十二；私盖楠木房屋，奢侈违制，式样仿宁寿宫，大罪十三；其子建坟设立飨殿，开置隧道，有"和陵"之谱称，大罪十四；所藏珍珠手串较宫中多数倍，而大珠比御用冠顶还大，大罪十五；独据宫内所无之大宝石，大罪十六；家内白银饰物等，数目过千万，大罪十七；夹墙内藏赤金二万六千余两，私库赤金六千两，地窖银百余万两，大罪十八；在通州、蓟州私设当铺，占资本十余万，与民争利，大罪十九；家人刘全私窃资产达二十余万两，又有私藏违禁之大珠及珍珠串无数，大罪二十。

以上各条，和珅供认不讳。如此丧心病狂，目无君上，贪得无厌，佞妄不法，如不重处，何人心服！

和珅的罪状，除了僭越违制，主要是贪污。已查出的财产全部入了嘉庆帝的库存。时人说："和珅跌倒，嘉庆吃饱。"

和珅的同党福长安也被捕定罪。

经五大臣会同各有关部门讨论，一致同意判处和珅凌迟处死，福长安处以斩首。报到嘉庆帝批准。他也有种种考虑，如果把他父皇最宠信的和珅拉到法场，在大庭广众之中，一刀一刀地把他慢慢杀死，这对于已故的父皇毕竟不是一件光彩的事。他权衡利弊，还得从维护父皇的名誉出发，决定减轻处理，将凌迟改为赐令自尽，对嘉庆帝来说，也会得到个"仁慈"的好名声。对于福长安，也予以从宽一些，改判立即处死为死缓，待秋后处决，命令把他押到和珅所在的监狱，叫他跪在地上亲眼看着和珅自尽，这大概是嘉庆帝想让他们共同体验如此下场的滋味吧！

这是一个中午，刚刚吃过午饭，执法官员捧着嘉庆帝的圣旨，来到监狱宣读。和珅跪在地上，听完，叩头谢恩，然后，对他的儿子和福长安说："我和你们服侍先帝甚久，本该一道同归。今皇上已有钟爱之臣，不再需要我们了，我就先走了。"说完，用系在梁上的绳索套住自己的脖子，不一会儿，气绝身亡。福长安跪在一边，眼睁睁地看着和珅吊死……

一个显赫的人物，就这样结束了他的一生。

有心中兴，无力回天

如果说乾隆即位时接承一宗蒸蒸日上的事业，那么嘉庆却接手了一个外强中干的空壳子。乾隆当皇帝的时间实在太长了，他耗尽了自己的精力，也耗尽了大清的国力。所谓积重难返，嘉庆就算欲有所作为，又谈何容易。

嘉庆从乾隆手中继承的，不但有君临天下的权势，还有夕阳西下的动荡时局。乾隆朝是清王朝盛衰的转折点。在康熙、雍正两朝文治武功的基础上，乾隆在他统治的前期励精图治，使清朝的统治达到了强盛的顶点，社会经济出现了繁荣景象，耕地、人口有了显著增长。乾隆中期，全国耕地面积已达到78亿多万亩，超过了明末耕地的最高数字，比顺治时期增加了1/3左右。在政治上，乾隆前期多次减免赋税，革除苛政，打击朝廷朋党，惩治不法官吏，一度出现了奋发有为的局面。但是，从乾隆中期开始，大清的国势走上了下坡路。

首先，吏治陷入了腐败的泥淖。乾隆晚年陶醉于所谓的盛世景象之中，志满意骄，自以为是，对一些切责时弊、指陈自己过失的意见总是十分反感。一班朝廷大员为了迎合乾隆的虚骄之心，刻意粉饰太平，报喜不报忧。乾隆的心腹重臣和珅，早年家贫，在皇宫中担任低级职务。一个偶然的机会，和珅因为机灵善辩受到乾隆的赏识。从此，他青云直上，加官晋爵，很快就被授予侍卫、副都统、侍郎、尚书、大学士等职务，任军机大臣24年，深得乾隆的倚重。他凭借手中的权柄，在朝野上下结党营私，横行不法。当时的官吏们若想得到肥缺、升迁，都要巴结和珅，向他送纳重贿。和珅贪财嗜货，多方搜刮，聚敛了惊人的财富。当时，上自朝廷，下到地方，贪赃枉法的风气十分盛行。官吏队伍中很少有人将国计民生放在心上，处理政务多是因循苟且，不思进取，效率极低。在营私舞弊、搜刮钱财方面，却是人人踊跃，高明而又圆通，贪污事件层出不穷。乾隆为此曾诛戮了一批贪官污吏，其中包括不少督抚大员，但除此之外他并没有采取多少彻底的措施。乾隆惩治的贪官都属于为恶极大、罪行无法掩饰者，其他相互蒙保、逃避了法网的贪官污吏大有人在。

其次，土地兼并严重。土地兼并始于康熙中叶，到了乾隆中期，土地集中的现象已经极为严重。当时状况是：占有土地的人还不到总人口的十分之一二，其余十分之八九的人，不是沦为佃户，就是变成乞丐或流民。官僚地主占有着大量土地。军机大臣和珅占田8000顷，甚至连他的奴仆也有人占田达600多顷。失去土地的贫苦百姓在水深火热中挣扎，朝不保夕。嘉庆元年（1796年）二月的一个夜晚，北京城就有8000多乞丐冻死在街头，其惨象令人触目惊心。与此同时，统治阶级的生活与贫苦百姓形成了鲜明的对比。乾隆皇帝喜欢炫耀，他先后6次南巡，再加上连年用兵，耗资无数，劳民伤财。在皇家婚丧寿庆的仪式和众多的园林工程中，乾隆也是大肆铺陈，尽情挥霍。清初的社会风俗崇尚俭朴，官僚地主们的穿着多用土布、黄麻制成，冬天穿皮衣的人也不多见。到了乾隆末期，社会风俗变化极大。官僚、地主、商人各阶层无不沉浸在奢华的氛围中。统治阶级的纸醉金迷和贫苦百姓的备受煎熬，预示着社会的衰败和动荡。

第三，社会矛盾尖锐，农民起义不断发生。在官僚、地主的残酷压迫和剥削下，社会矛盾激化了，下层人民的反抗斗争接连不断。乾隆中叶之后，先后爆发了山东王伦起义、甘肃少数民族起义、台湾林爽文起义、湘黔苗民起义等规模较大的武装斗争。下层人民各种形式的反抗斗争如澎湃汹涌的波涛，强烈冲击着清王朝的统治，使它日益走向衰朽。摆在嘉庆面前的形势是严峻的。为了扭转衰败的政局，嘉庆皇帝以铲除和珅打响了亲政的第一炮。

一般认为，中国禁烟运动，始于道光朝的林则徐"虎门销烟"，实际上，雍正七年（公元1729年），清政府就颁布过禁烟谕令，嘉庆五年

（公元 1800 年），嘉庆帝又下令禁止鸦片进口，他说："鸦片烟性最酷烈，食此者能骤长精神，恣其所欲，可是吸食久了，就会危及生命。"因为嘉庆帝深知鸦片危害的严重性，对买食鸦片烟者深恶痛绝，针对当时宫中侍卫、太监及官员中有吸食者，令刑部专门制定法律严加惩处。凡侍卫、官员买食鸦片烟者，一律革职，杖一百，枷号两个月；军民等杖一百，枷号一个月。看来此禁烟律对官员的处罚力度比一般百姓大得多。为了抓住烟毒源头，从根本上杜绝鸦片危害，嘉庆帝责令东南沿海各省海关认真查办外国商船私带鸦片入境者，对因查处不力，或收受贿赂的官员更要严加惩处。嘉庆十八年（公元 1813 年），根据当时私贩鸦片烟日益猖獗现象，嘉庆帝再次重申严禁私贩鸦片，并制定了更为具体的惩处官民贩食鸦片烟的条例，加大其打击力度。可以说，在嘉庆帝的严厉查禁下，鸦片的泛滥基本得到控制，直到道光朝以后才又有大肆泛滥之势。因此，有学者认为，嘉庆皇帝是清代早期禁烟派也不为过。

嘉庆帝禁烟功不可没，但他固守闭关之策，使中国置身于世界之外，因闭关自守导致社会经济停滞甚至倒退应负有一定责任。而他标榜勤政思治、力挽颓势的战略决策也因此而未获成功。在发展社会生产方面，嘉庆帝也没有随着时代的变化而变化，仍坚持先朝的"抑末"政策，压制新兴产业的发展。如，他以反对言利为名，极力阻挠和压制各地兴办工矿事业。凡此种种表明，在西方列强觊觎中国，企图把资本主义国家行为方式和商品经济模式以强大攻势推向中国的时候，嘉庆帝只是以闭关锁国之策应对西方列强的挑战。其结果只能是作茧自缚，使中国逐渐走向被动挨打的境地。外部的严峻局势给嘉庆帝带来压力的同时，国内动荡不已局面也使嘉庆帝疲于奔命。因为嘉庆帝亲政后，除了客观原因造成困难重重、积重难返外，如果从主观原因讲，还有嘉庆帝本人是一个保守有余、开拓精神不足的守势皇帝。而在其政坛周围活跃的亲近大臣里，贤相不少，但能者不多。这恐怕也是造成嘉庆帝虽大力鼓吹勤政思治，力图挽救颓势，但效果不佳，其势难返的重要原因。嘉庆帝在位25年，所重用的亲信大臣，多能清廉自律。可惜的是，这些人虽能自持端谨，但治世之才平庸。究其原因，恐怕与嘉庆帝在选贤任能方面德才失衡有关。是不是嘉庆帝一朝就没有德才兼备的贤相呢？回答当然是否定的。但遗憾的是，这些人大多是乾隆朝的老臣，在和珅专权时代一度受压，其才干没有得到很好发挥，待到嘉庆帝亲政、和珅倒台后，他们已经是七八十岁的老人了。如王杰，陕西韩城人，乾隆朝陕西第一名状元，官至东阁大学士。和珅当权时，绝不与他交往，嘉庆帝惩处和珅时，王杰为首席裁判官，被嘉庆帝委任为首席军机大臣时，已经75岁了，他身居高位40年，仍清贫如洗。嘉庆七年（公元1802年）退休时，嘉庆帝赐诗有"清风两袖返韩城"之语。刘墉，乾隆朝名臣刘统勋的儿子，人称"小诸葛"，俗称"刘罗锅"。此人文思敏捷、诙谐，常戏谑和珅。乾隆朝官至体仁阁大学士，亦以清介著称。嘉庆帝亲政时，刘墉年已80。以如此高龄的老人组建的领导班子，怎能创造出生气勃勃的新局面呢？

虽然嘉庆力图做一个好皇帝，但是国家已经过了极盛期，不可避免地衰败下去了。嘉庆的努力也化作了泡影。以至于后人对嘉庆一朝的态度平平淡淡。但是事实上并不是嘉庆的责任，是客观环境加上他懦弱仁善的性格共同让清朝走上了下坡路，从这一点说，嘉庆也是一个悲剧人物。

后母大义，有惊无险的道光帝

历史上差点当上皇帝的人很多，差点没当上皇帝的人也大有人在，道光就是其中一个。所差的一点意味着什么？意味着君与臣的区别，意味着是制人还是制于人。

嘉庆皇帝在承德避暑山庄突发疾病，仅卧床一天就离开了人世。按照秘立家法，皇帝在将咽气时或咽气后，必须立即启开鐍匣，宣布皇位继承人，然后才能发丧。嘉庆弥留之际，已经不能言语，只以手比画，要诸位大臣找出鐍匣，宣读密诏。然而，就在此时，人们发现，隐藏着天大秘密的鐍匣不见了。那么，鐍匣究竟落入谁人之手？谁又才是真正的真龙天子呢？

自雍正朝起，为了防止诸皇子争夺皇位、骨肉相残，于是创建秘密立储制度。即皇帝健在期间，密写诏书，立某阿哥为皇太子，密封在鐍匣里，安放于乾清宫"正大光明"匾后。等到皇帝传位时，再取下宣读，继统即告完成。

乾隆在位时，他经常东谒西游，南巡北幸，远离京都皇宫。可能因此多了个心眼，密立诏书一式两份，一份封藏于鐍匣，放在"正大光明"匾后，一份则亲自携带，从不离身。嘉庆二年，乾清宫毁于火灾，原有匾联，均化为灰烬。嘉庆十八年，天理教造反农民进攻紫禁城，差一点用火把皇宫点着。嘉庆二十四年，宫内文颖馆失火，烧掉了几间房，幸亏被及时扑灭。而且，库银被盗，印信失窃，甚至军事国防最高机构的兵部关防都丢失了。

上述种种情况表明，乾清宫"正大光明"匾后毫无安全保障。事关王朝延续承传大局，嘉庆帝怎么会放心地让密诏待在那儿呢？尤其在京都期间，他多半时间住在西郊圆明园。到木兰围场打猎，能不将密诏带在身边吗？如果不是嘉庆帝猝死，鐍匣风波根本就不存在。

七月二十五日下午，嘉庆病情恶化，他用手比画着，戴均元、托津心领神会，知道皇上欲宣布密立诏书。两人仔细摸遍嘉庆帝全身，不见密诏踪影，接着监督内臣启开自京都带来的十几个箱子。真可谓翻箱倒柜，里里外外全都搜遍，仍一无所获。鐍匣在哪儿？到底有没有密诏？嘉庆帝临终的比画究竟是什么意思？

这时，嘉庆帝已经停止了呼吸，在避暑山庄的王公大臣和侍卫们陷入混乱和恐怖之中。嘉庆帝临终前既没有交代，密诏又找不出来，立储问题是否会演成争夺皇位的悲剧？对于四位皇子中长者绵宁来说，这是自然要考虑的问题。

嘉庆帝共有5个儿子。皇长子为侧妃刘佳氏所生，1岁多就夭折了。皇二子旻宁，嘉庆帝之爱妻塔拉皇后所生。嘉庆二年，皇后逝世，他把对皇后的恩爱全部倾注在其子身上，寄予厚望。30多年时间，尤其关心对旻宁的培养教育，时常让他代替自己祭祀天地祖宗，出巡时又令其陪伴左右，耳濡目染，体会为君之道。当旻宁进入而立之年时，历史并没有为他提供显示才能的机会。如何树立他在满朝文武中的威信和影响，以便将来顺理成章地接班，便成为嘉庆帝常挂心上的问题。

嘉庆十六年（公元1811年），旻宁正跟随嘉庆在热河行围，因猎物稀少，嘉庆心中不快，让旻宁、旻恺提前返京。旻宁返京不久，九月十五日正在上书房读书，忽报天理教农民造反自东华门进攻皇宫。旻宁躲在上书房不敢出来，至午后，以为事态已经平息，准备赴储秀宫向皇后请安时，另一路造反农民攻进西华门。不久隆宗门杀声突起，撞门声大作。他虽说年过 30，但一直养尊处优，没有征战的锻炼与经验，吓得心惊肉跳，手足无措。当时，有五六个造反者越御膳房矮墙爬上内右门西大墙。若再向北去，即可到达皇后居所储秀宫。眼见灾难临头，要出大事，旻宁面无血色，不知如何是好。在旁总管太监常永贵急忙提醒他："若不用鸟枪拦打房上之人，便没有别的办法了。"虽然他手中握着鸟枪，但在大内开枪要犯忌，不敢贸然从事。经总管敦促，旻宁也管不了许多，举枪连续打倒墙上两人，其余的人也不敢再上墙了。这期间，留京王公大臣引兵入神武门，且把火器营精锐部队 1000 多人调进皇宫，造反者抵挡不住，3 天后被镇压。

清廷镇压了天理教造反后，论功行赏，所有参与者都破格嘉奖。嘉庆帝考虑到，旻宁年过 30，既无武功，又无政绩，默默无闻。此次开枪阻止造反者，正是树立他威望的最好机会，不管旻宁当时表现如何怯软，他仍把头功给予旻宁，晋封为智亲王，可见其用心良苦。往事历历在目，藏于皇后居所鐍匣之密立诏书，毫无疑问，当然非旻宁莫属。所以皇后居所鐍匣无影无踪，势态对他极为不利，他又不便将心里的想法提出来，可是如何结束这令人难受的皇位真空呢？

旻宁时已 39 岁，深悉其中利害关系，为避免节外生枝，他袖手旁观，决不参与。主持此事的重任，不得不落到当时职务最高、为人最持重而且最有办事能力的戴均元、托津身上。戴均元才学优异，谦恭谨慎，深得嘉庆帝器重。嘉庆十八年（公元 1813 年）秋，他出任南河总督，后积劳成疾，请假回归故里养病。当时河工尚未完竣，两江总督铁保又向皇上奏请增加费用 600 万两。嘉庆帝以所耗资金过大，命大学士戴均元前往河南工地实地审度。由此可见，戴均元与嘉庆帝关系笃深，非同一般。

托津，富察氏，满洲镶黄旗人，理藩院尚书博清额之子。托津为人诚朴，办事实心，老成公正，外省有重要大案，总任其前往审理，嘉庆帝将其倚为左右手。

皇帝密诏还没有下落，大臣们急得如热锅上的蚂蚁。经过一番商议，决定一面派人进京，面奏皇后，报告皇帝殡天的消息，另一方面则继续在皇宫和行宫中寻找，以期出现一线希望。皇后得知此事，丧夫之痛如雷轰顶，但她抑制住悲伤，仔细寻找宣布先帝遗诏的妥善方法。虽然大清入关以来，规定后妃不得干预朝政，但是在这样危急的时刻，如果不立即做出合理的解决，后果将不堪设想。

最后，皇后破例采取权宜之计，她以自己的名义拟了一道懿旨，说她完全理解和尊重先夫的意愿。她心里清楚，旻宁是皇帝最宠爱的已故皇后的嫡子，且自幼勤奋好学，嘉庆皇帝早有意将其立为太子。如果她有私心，凭借自己在宫中的崇高威信，完全可以假托帝意立自己的亲生儿子旻恺为帝。可是她没有这样做，基于理智，基于对清王朝命运的责任，基于对早已形成的现实的尊重，她做出了正确选择，从而受到满朝官员的尊敬。

而避暑山庄里，王公大臣们经过整夜寻找和争吵，已经疲惫不堪。就在这时，小太监带着皇后居所鐍匣姗姗来迟。盒子打开了，在场所有人跪伏在地，当场宣读："嘉庆四年四月初十日卯初立皇二子旻宁为皇太子。"一块石头终于落地，王公大臣们拥旻宁即位，总算完成继统的顺利过渡，清朝的历史揭开了新的一页。

令人瞠目结舌的节俭作风

龙袍也会打补丁？这似乎是天下奇闻，但这一奇闻就真实地发生在道光皇帝身上。道光帝以节俭著称，尽管节俭到在龙袍上打补丁有一点做作之嫌，但毕竟对于老百姓和社会风气来说，这都算作一个有益之举。

在清代帝王，甚至在所有古代帝王中，道光帝是最节俭的一个。

道光元年（公元1821年）十一月，道光帝到乾清门听政，颁布一道谕旨，名叫《御制声色货利谕》，这是一篇系统论述君主必须崇尚节俭、汰除奢华的上谕。他首先说明声色是大害，为帝王者要防微杜渐，如果沉溺于声色中，政事不理，大权旁落，统治就会不稳，百姓就会遭殃。接着，他又说明上贡给皇室的物品必须限制，尽量少一些，否则会侵扰百姓。他说："帝王不应该有私有财产，有私财就一定会有私事，有私事就一定会有私人，有私人就很可能为他所愚弄。所以，作为一个君主，要知道耕织的艰难，全力崇尚节俭，如果节省一分，天下就会受一分之幸，这对于吏治民生，都是有益处的。"

道光帝还具体提出节俭的标准，这就是："宫室建筑一定不奢华，饮食服用一定不奢美，不应该因为自己一个人的需要而牵累了天下百姓，必须把天下的利归还给天下。"他还对臣下们说："所有官员都有监督我及大清后代子孙的责任，如果谁奢侈浪费，你们应该进谏，如果君主不听，就是祖宗的罪人，如果臣下不进谏，就是万世不忠的臣子。"

道光帝的可贵之处是说到做到，不做表面文章给别人看。即位之初，他就下令停了福建荔枝贡、扬州玉贡，随后又命令减少各省各种物品的进贡。不久，又把陕西口外梨贡、两淮盐政进贡的烟盒花爆等物也停了。

　　清代历朝相沿的大规模活动，可以说数热河避暑、木兰秋猎了。皇帝在每年的夏季都带领宫室人员到热河避暑山庄去避暑，一去就几个月，这期间的皇室供应更为繁多。到木兰围场打猎，规模更大，随从更多，沿途对百姓的骚扰更厉害。道光帝考虑到这些活动耗费大，因而很少举行。除了每年祭扫祖陵，他很少离开京城。内廷重要节日，按习惯都要进献、设宴，以示庆贺，道光帝也多次取消，对于国家开支，他也精打细算，如发兵征讨张格尔时，他坚持制定军用则例，以防贪污和过多耗费。类似这方面的例子很多。

　　最能说明道光帝节俭的，是营造墓地一事。皇帝生前享尽人间的荣华富贵，死后还要把这种荣华富贵搬到阴曹地府，在那里继续享乐。一般的情况是，皇帝即位后不久，就为自己营建"万年吉地"，而且极为奢侈，往往要耗巨资和大量人力，直到皇帝年迈才造完。像明代万历皇帝营造的墓地，是最著名的地下宫殿，耗资巨大，堪称之最。

　　道光帝崇尚节俭，他自然不会忽略这一重要关节。他即位后，大臣开始上奏，要求选地营造万年吉地。道光帝多次下达谕令，一切从节约的角度出发。经勘察风水，墓地选在东陵的宝华峪。道光五年（公元1825年）二月，他亲自检查后表示满意。工程也很快启动。负责工程的是英和，这个人敢作敢为，对道光帝侃侃而谈汉文帝薄葬的事例，很合皇上的胃口。竣工后，道光七年九月将孝穆皇后的灵柩放了进去。

　　不料一年以后出了麻烦，发现陵寝木门外墙根潮湿，有漏水的迹象。道光八年九月十一日，道光帝亲自赶到现场踏查，这时积水竟深达一尺六七寸之多。经调查，才知道动工时土里就有石母滴水，但英和没有重视；具体承办人曾建议安龙须沟出水，英和也不同意。为了节省开支，工程质量草率粗糙，如石券旁没有安置叠落石格漏，砌墙海墁等石工于碰楞处只用松香、白蜡掺和石面勾抹等等。道光帝处分了办事各官。

道光十一年二月，道光帝又亲自到西陵，选定龙泉峪为"万年吉地"。命令穆彰阿等办理，工程一切仍从简。方城、明楼、穿堂各券、琉璃花门、石像座全部撤去不做，大殿三间单檐做成，甬路不必接到大红门，太监营房也不建造，仅这些就节省了几十万两银子。道光十五年九月，工程最后完工。和其他帝王陵寝相比，道光帝的墓地确实显得简朴。但是，由于从节约的角度出发，第一个墓地废置不用，另造了一个，所以加在一起的银两开支并不少，当然这是道光帝始料不及的。

野史笔记还记载了许多有关道光帝节俭的事例，其中有的近似笑话。《郎潜纪闻二笔》中记载了道光帝领导改革"新潮"服装的事，耐人寻味。

道光帝中年，更加崇尚节俭，曾经有一件御用黑狐端罩，衬缎稍微宽了一些，道光帝让太监在四周添皮。内务府的人说，这需要银子1000两，道光帝说："这种小小的改做也需这么多银两，太浪费了，不要添皮了。"第二天，军机大臣到朝中处理政事，道光帝把这件事对他们说了，从此以后京官（相对于地方官，即中央官员）穿裘皮不出风的习尚，沿袭了10多年。

道光帝统治的30年中，其节俭的程度是历史上所罕见的。他穿的套裤，膝盖处磨破了，也不去换一条新的，而是让人在坏处打上一个圆绸，补一下了事，即"打掌"。于是，大臣们也竞相仿效，在膝盖间也缀上一个圆绸。有一天，召见军机大臣，当时曹振镛跪在最前面，道光帝看见他的膝盖间补缀的痕迹后，问道："你的套裤也打掌吗？"曹振镛回答说："重新做一条太贵,所以也打掌。"道光帝又问:"你打个掌需几两银子?"曹振镛感到惊讶,马上回答说:"需银子3钱。"道光说:"你们外间做东西便宜,我们内宫需银子5两,太贵了!"

还有一次,道光帝问曹振镛说:"你家吃鸡蛋,需多少银子?"曹振镛跪下回答说:"臣小时候得了气病,从来没有吃过鸡蛋,所以不知道价格。"身为一国之君的道光帝,大可不必为区区1000两银子发愁,更不用因为节省几十两银子而不换新的套裤,他是要带头做节俭的表率。他知道自己的国家已不像乾隆爷那时那样富有,百姓更是贫穷得很,所以奢侈不起来。道光的节俭,固然出于维护统治的需要,但他认识到"宫中省一分,民众受一分福",这在封建时代也是难能可贵的。

咸丰的皇位来得不容易

竞争,会让最愚笨的竞争参与者都变得聪明起来。咸丰帝的皇位得来的也不是那么顺理成章,好在他有竞争精神,并因此变得足够聪明。咸丰皇帝——爱新觉罗·奕詝是道光皇帝的第四个儿子,母亲是孝全皇后。奕詝出生前,道光皇帝本来已有三个皇子。次子奕纲、三子奕继早亡,皇长子奕纬,最受道光帝的宠爱,长至23岁,已经出落成人。一日,奕纬的师傅强逼其背诵经书,告诉他:"好好读书,将来好当皇帝。"奕纬终究是个孩子,不耐烦地顶撞道:"我将来做了皇上,先杀了你。"道光皇帝知道这件事后，当即召见大阿哥奕纬。奕纬刚刚跪下请安，道光就气愤地踢了他一脚，正好伤及下部，没过几天就死了。三皇子的相继死去，使年近半百的道光帝悲痛万分，对于皇朝未来的继统大事隐怀不祥之兆。唯一令道光帝稍感欣慰的是，皇长子过世时，全贵妃钮祜禄氏和祥贵人均已身怀六甲，如能生得男婴，亦堪来日大用。

在道光的群妃众贵当中，全贵妃钮祜禄氏最受宠爱，其父是承恩公颐龄，曾仕宦苏州，钮祜禄氏随父同行，备受江南山水浸染熏陶，聪慧绝伦。道光初年入宫，道光三年（公元1823年）册封为全妃，道光五年晋全贵妃，成为后宫中红极一时的人物。

全贵妃怀孕后，本来十分高兴，认为只要生下皇子，就能母凭子贵，但令她担忧的是同是身怀六甲的祥贵人月妊要比她早一个多月，这时谁先生下皇子，就意味着在储位之争中占得先机。为此全贵妃想出了一个好办法。

一天，宫中御医又来给全贵妃诊察，全贵妃见左右无人，便小声问道："不知这腹中是女是男？"因全贵妃平素在宫中颇会笼络人心，与这御医熟识，因此，御医顺口答道："当然是真龙天子。"全贵妃听罢大喜。

次日，全贵妃又特召御医入密室，对御医说道："我想让皇子早点降生，来日如能得继大统，我必重赏，你究竟有何办法。"御医答道："奴才并无妙法，只有从今日起服用奴才祖传的保胎速生药，皇子便可提前降生，只是……"全贵妃明白御医的意思，笑着连声说道："那就不是你的责任了，自然不必多虑。"

于是，从这日起，全贵妃每日遵医嘱服下保胎速生药物，到六月初九日，移住圆明园湛静斋的全贵妃终于生下了皇四子，道光帝赐名奕詝。因连丧三子，道光实际上是把奕詝视为皇长子，备加喜爱。全贵妃也母以子贵，被晋封为皇贵妃。孝慎皇后去世后，于道光十四年被立为皇后，就是孝全皇后。

6 天后，祥贵人也生下了一个男婴，是为皇五子奕誴，果然不出全贵妃所料，奕誴降生后，道光帝虽然也很高兴，但其兴奋程度与奕詝降生时已不可同日而语。

就这样，咸丰的母亲孝全皇后为儿子在皇位继统大战中赢了第一回合。

道光二十年，孝全皇后暴崩，临终前把 10 岁的爱子奕詝托给静贵妃抚养。中宫没了皇后，道光帝也无意再立，静贵妃晋级为皇贵妃，代摄六宫事，虽无皇后名分，实同中宫主人。

静贵妃小于孝全皇后 5 岁，入宫较晚，初赐号静贵人。后晋封静嫔，道光七年晋静妃。道光十四年，全皇贵妃继立为皇后，静妃也跟着晋升一级，为静贵妃。静贵妃也很受道光皇帝的宠爱，育有一子，就是六皇子奕訢。

道光皇帝对这奕詝和奕訢格外喜爱，也很重视对他们的教育，分别为他们指定了老师，奕詝的老师是杜受田，奕訢的老师是贾桢。两位皇子都很聪明，读书也都十分认真。

道光帝对两子的喜爱难分轩轾。道光帝曾赏给了奕詝"锐捷宝刀"，也赏给了奕訢一把"白虹宝刀"。甚至对奕訢的钟爱不亚于奕詝。在奕訢上学之前，就预赐其书室匾额为"正谊书屋"。

奕訢生而聪颖，为诸皇子之冠；奕詝年长，且为皇后所生，究竟选谁为储，道光帝一时之间犹豫不决。

道光皇帝晚年，最钟爱六皇子奕訢，在大臣面前，几次流露要把皇位传给奕訢。只是因为奕詝"四阿哥"居长，且在宫中素以"贤德"闻名，所以犹豫不决。奕訢老师杜受田窥探到道光的心意，万分焦虑，从自身利益考虑，必须全力帮助自己的学生。于是他苦思冥想，帮助四阿哥寻找补救办法。

一次，道光皇帝命各位皇子到南苑打猎，实际是试一试皇子们的武艺怎样。按清朝惯例，皇子读书时外出须向老师请假。杜受田沉思良久，向四阿哥耳语："阿哥到猎场中，只坐观他人骑射，自己千万不要发一枪一矢，并约束随从不得捕杀任何生灵。回来时，皇帝一定会问何故，你可以回答：'时方春和，鸟兽孕育，不忍伤生，以干天和。且不想以弓马一技之长与诸兄弟争高低。'"

当天狩猎结束，六阿哥所获猎物最多，正在顾盼自喜之际，见四阿哥默坐，随从也垂手侍立，感到奇怪，就上前问道："诸兄弟皆满载而归，为何四哥一无所获？"四阿哥平静地回答："今天身体欠安，不能与诸兄弟驰逐猎场。"天色将晚，诸皇子携所获猎物复命。果然皇上询问缘故，奕訢就把杜受田教的话说了一遍。道光皇帝龙颜大悦，对身边的大臣说："这才是君主之度。"

平心而论，奕訢无论文韬武略，还是健康状况，都比不上奕詝。道光皇帝直到死前仍对传位之事下不了决心。

后来，道光重病在床，自知无回天之术，临终前最后考察两位皇子的能力和气度，决定继承人。奕訢的老师授计说："晋见时，皇上若在病榻上询问治国安邦大计，你应当知无不言，言无不尽。"杜受田则对奕詝说："你若陈条时政，论智力、口才根本比不上六爷，只有一策，皇上若自言病老，将不久于人世，你只管俯地流涕，以表孺慕之诚而已。"晋见时，皇上果然询问身后治国大事，六阿哥奕訢无视皇上痛苦之状，口若悬河，大谈自己治国安邦的见解和抱负；四阿哥奕詝则一如师言，面对父皇的垂问，悲伤得涕流满面，以至于不能作答。道光皇帝在病榻上，仔细观察两人的言谈举止，被奕詝的举动所感染，对身边的大臣说："皇四子仁孝，可当大任。"第二天，道光皇帝驾崩，领班大臣宣读密谕："着皇四子奕詝即位。"四阿哥终于击败六阿哥，登基做了皇帝，年号"咸丰"。

第五章

大清皇室情仇史：
别样的人性百态

肃亲王豪格：在幽禁中愤极而终

　　一个皇帝倒下了，会有一个新的皇帝站出来，这时候，有资格争位的王爷们是幸运的，一旦脱颖而出就可以拥有一切；但有资格争位的王爷们又是不幸的，因为一旦竞争失利，恐怕连现在的王爵也保不住而沦为阶下囚。

　　豪格作为大清朝开国皇帝皇太极的长子，他理应成为帝位继承人；作为顺治皇帝的长兄，他本可安享尊荣。然而他在放弃继承皇位之后，得到的却是惨遭幽禁的厄运……

　　顺治三年初（公元 1646 年），豪格被任命为靖远大将军，统军入川，讨伐张献忠。十一月二十六日，清军抵达距西充不到百里的南部县。驻守保宁（今阆中）的大西军将领刘进忠降清，于是在降将的带领下，豪格率部日夜兼程，直奔张献忠 60 万军队的营地——西充凤凰山。翌日清晨大雾弥漫，咫尺之隔，只闻其声，不见其人。当清军悄然逼近营门时，张献忠才知大事不好，未及披甲，仅腰插三矢即仓促上阵。在刘进忠的指点下，豪格一箭射去，半披飞龙蟒袍的大西皇帝应声而倒。

　　豪格挥军南下，翌年八月平定全川，旋即兵进遵义，风驰电掣般地扫荡着西南边陲。从此豪格声名远播，名扬四海。顺治五年（公元 1648

年）一月二十七日，豪格自遵义胜利回京。然而，等待他的不是皇恩浩荡，而是一个策划已久的阴谋。

顺治五年（公元1648年）二月十三日，豪格部将希尔艮、阿尔津彼此"争功不决，下部讯问"。在入川作战时，护军统领哈宁噶曾陷入重围，护军统领阿尔津、苏拜以及希尔艮均奉命救援，几人都认为自己率军先到，对方后至。阿尔津、苏拜倚仗多尔衮撑腰，把争功的事一直闹到京城。"下部讯问"后，"护军统领噶达浑、车尔布俱供：希尔艮在后是实"，希尔艮遂被降爵，至此希尔艮争功事即应了结。但多尔衮却利用这起争功案把矛头指向豪格，便以"军中不将希尔艮冒争情由勘实"而罪及多罗贝勒尼堪（努尔哈赤之孙）、固山贝勒满达海（代善之子）及护军统领鳌拜等高级将领8人。又以"固山额真觉罗巴哈纳、议政大臣索浑既不将希尔艮争功缘由勘实；肃王欲升杨善之弟机赛为护军统领，又不劝止"为由，而将巴哈纳、索浑降爵。显而易见，希尔艮争功案不过是多尔衮手中的一块石头，抛出这块石头只是一个信号。

此后20天，又经过一番紧锣密鼓的准备，贝子吞齐、尚善、吞齐喀、公札喀喇、富喇塔、努赛等赤膊上阵，大打出手，讦告郑亲王济尔哈朗"当两旗大臣，谋立肃王为君，以上（指顺治帝）为太子"，迁都北京时，将原定后行之正蓝旗在镶白旗前行，致令肃王福晋在豫王福晋以及英王福晋之前行；将"原定后行之镶蓝旗近上立营，同上前行"。因涉及当年"谋立肃王"事，故郑亲王以及两黄旗大臣均被系公堂"齐集质讯"，规模之大，堪称空前。

"谋立肃王"的旧账，又被提起。紧接着吞齐等告发图尔格、索尼、图赖、锡翰、巩阿岱、鳌拜、谭泰、塔瞻，在皇太极死后"往肃王家中，言欲立肃王为君"，"私相计议"，"互相徇庇"，频频出入肃王府第，"期隐不奏"。

济尔哈朗以及两黄旗大臣欲立肃王为君，是在诸王册立新君之前。在仍然保留军事民主制残余的开国时期，推举继承人本来就是天经地义之事。在当时不仅两黄旗大臣积极参与此事，就是多尔衮所左右的两白旗大臣也多次密谋，商议拥立多尔衮为君。即使到了顺治二年（公元 1645 年）底，多尔衮还洋洋自得地跟诸王、贝勒以及满汉大臣谈起当年被拥戴的情况。这次旧事重提，只不过是多尔衮为打击豪格而借题发挥。

审讯结果，不言自明。郑亲王济尔哈朗被革掉亲王爵位，罚银 5000 两；两黄旗大臣凡参与拥立豪格者（只有早已倒戈的巩阿岱、谭泰除外）均受到严厉制裁，或被革职，或被夺爵，或被发配沈阳看守昭陵（皇太极陵寝），就连已故的图赖、图尔格亦被革世职。

两天后，豪格也被推上牺牲的祭坛。三月初六，在多尔衮的一手策划下，诸王、贝勒、贝子、大臣会议，以"豪格出征四川以及二载，地方全未平定"，隐瞒希尔艮冒功一事以及欲升杨善之弟机赛为护军统领等所谓罪名，而将豪格判处死刑。年仅 11 岁的顺治帝对"如此处分，诚为不忍"，议政大臣会议在征得多尔衮同意后才将死刑改为幽禁。豪格从四川凯旋仅一个月就遭此厄运，这一切都在多尔衮的精心策划之中。

被幽禁的豪格心情极度抑郁，忧虑、痛苦、愤怒一齐袭来，一腔热血都在往上涌，头像被撕裂一般。谁也不清楚这位阶下囚究竟在哪一天、哪一个时辰愤然辞世的，人们只知道他在被幽禁后一个月左右即死去，终年 40 岁。

豫亲王多铎：驰骋天下的出关猛虎

多铎死得早，假设未死，他也绝对是个惹事的主儿，至少不会受制于他的侄子顺治，因为他跟哥哥多尔衮有着一样的资历、功劳和地位。但是多铎又有一点冤，毕竟名和权都让多尔衮占了，而死后所受到的追查却并不比多尔衮少多少。

多铎是清太祖努尔哈赤第十五子，生于明万历四十二年（公元1614年），与阿济格、多尔衮同为大妃乌喇纳喇氏阿巴亥所生，备受父亲钟爱。努尔哈赤去世时，参与了议皇太极为汗的国家大计。皇太极即位，多铎成为正白旗贝勒，就此开始了他的戎马生涯。

后金天聪二年（公元1628年），14岁的多铎随皇太极远征蒙古多罗特部。这是他第一次披甲上阵，尽管只有14岁，但是他在战场上十分勇猛，后金大获全胜，次年，多铎又随莽古尔泰攻打明朝，15岁的他在战场上奋力杀敌，势若猛虎，一再击败明军。

后金天聪九年（公元1635年），为配合多尔衮招抚察哈尔林丹汗之子额哲及往略山西明境，多铎奉旨率精兵强将袭扰宁远、锦州，以牵制明军行动，使其不能前往救援。这是他首次亲自领兵出征。他率兵入明广宁界后，令固山额真阿山、石延柱等领400士兵先赴锦州，自率大军随后趋十三站立营，以吸引明军来战。锦州总兵祖大寿集中锦州、松山两处兵，在大凌河西岸列阵以对。多铎率所部迅速驰击，其势锐不可当。祖大寿军战败溃逃，多铎令分道追击，阵斩明将刘应选，歼敌500，生擒游击曹得功及守备3员，获马匹、甲胄无数。锦州明军见势未敢再出。班师回京时，皇太极亲出盛京怀远门5里迎劳，称赞多铎："幼弟初专阃外，能出奇取胜，是可喜也。"后金天聪十年（公元1636年）四月，皇太极改元"崇德"，建国号"大清"，晋封多铎为和硕豫亲王。

崇德八年（公元1643年）八月初九，皇太极猝然去世，诸王会议选定嗣君。此时的多铎十分活跃，他先是提议胞兄多尔衮即帝位，遭到反对，又提出应当由自己即位，声称当初在太祖的遗诏里，提有他的名字。被多尔衮制止后，又转而主张立礼亲王代善，唯独不提最有资格当继大统的皇长子豪格。在多尔衮与豪格两派争立中，多铎与多尔衮联成一气，左右大局，最后议定皇九子福临即位，多尔衮与济尔哈朗辅政。不久，多尔衮排挤政敌，独揽大权，积极支持多尔衮为君的多铎获得了顺利发展的机会，他进一步施展自己的才能，成为明清两代兴亡交替过程中的风云人物。

顺治元年（公元1643年）四月，顺治皇帝在盛京大政殿授予多尔衮大将军印，令他率兵进取中原，以成皇太极未竟之业。十月初一日，顺治入京并在北京紫禁城内举行登基大典，复封多铎为和硕豫亲王。不久又命他为定国大将军，统帅将士进兵南京，消灭南明弘光政权和李自成的大顺军余部，攻取东南之地。

多铎于十一月中旬到达山东济宁，十二月兵至河南孟津，然后率精兵渡过黄河，一路打击大顺军，很快打到潼关城下。李自成率军从西安赶往潼关增援，双方交战，大顺军失利。第二年正月十一，多铎指挥清兵发起总攻，先以红衣大炮轰击城垣，再以马步兵轮番冲击，大顺军被迫出击，派300骑兵杀入清军阵地，被多铎部下贝勒尼堪、贝子尚善击败，大顺军又分兵袭击清军阵后，也未成功。李自成见败局已定，退守西安自保，多铎兵攻克潼关。此时，武英郡王阿济格一路大军也从陕北南下，将抵西安，李自成腹背受敌，放弃西安向河南转移。多铎则回师东征，按原计划进攻南京，完成平定江南的任务。他分兵三路，出虎牢关攻克归德，横扫河南大半地区，然后又分兵两路，向南推进，一路向砀山、徐州，另一路直奔安徽亳州，又进入江苏，攻破盱眙，逼近淮安和泗州。南明将领烧毁淮河桥，企图阻止清军南进，多铎率军夜渡淮河，兵临扬州城下。南明大学士史可法拒绝多铎的招降，决心与扬州城共存亡。四月二十五日，多铎调红衣大炮轰城，炸毁扬州城西北角，清军如洪水般冲入城内，史可法率守军拼死相战，被擒不降，最后被杀身亡，其他文武官员有100多人殉难。

　　攻克扬州后，多铎率军继续南进，于五月五日到达长江北岸，与南京弘光政权隔江相望。守江的南明将领畏势东逃，长江防线尽撤，弘光帝与宦官40余人弃南京仓皇出走，投奔安徽太平府黄得功，守城明军望风而逃，南京不战而克。南明文武官员数百人跪迎清军入城，多铎则遍谕各处，抚辑官民，斥责南明朝廷主昏臣奸，宣称此次平定东南即是"奉天伐罪，救民水火"。几天后，多铎又派贝勒尼堪等领兵追击弘光帝。弘光帝复走芜湖，准备渡江西逃，被清军截住去路，南明靖国公黄得功护驾迎战，被清军击败。总兵田雄、马得功见大势已去，抓住弘光帝及妃子、太子并率十总兵部众投降。南明弘光政权终被消灭。六月，多铎派贝勒博洛，固山额真拜尹图、阿山率官兵直趋杭州招抚浙省，打败南明大学士马士英。明潞王朱常淓势穷归顺，开城门投降，淮王朱常清也自绍兴来降。数日后，浙西湖州、嘉兴，浙东绍兴、宁波、严州各府皆为清军控制。多铎将南京改为江南省，凡紧要图籍收藏无失，又疏请授任江宁、安庆巡抚以下官员300多人，建置了地方统治体系。在军事上，令已降马兵留本地驻守，归降之蒙古兵分隶旗下，同时，派驻八旗兵把守各重镇，以保证对江南地区的有效控制和治理，并随时准备南下扫荡各地抗清武装和残明势力。顺治二年（公元1645 年）四月，清廷以多罗贝勒勒克德浑、固山额真叶臣代多铎驻守江南，多铎才胜利回京。

十月，多铎胜利回京时，顺治皇帝亲出正阳门到南苑附近迎接慰问。几天后，顺治帝以其"功勋甚多"晋封多铎为和硕德豫亲王，赐黑貂皮朝褂、鞍马及金 5000 两，银 5 万两。

正当多铎英姿勃发，踌躇满志之时，顺治六年三月十八日，他因患痘症不愈，英年早逝，年仅 36 岁。

成亲王岳托：崩于征战，配享太庙

天花这种当时要人命的病似乎与清朝皇室人员都有着不解之缘，以至于后来选择继承人也要先看他出过痘没有。是啊，顺治、同治还有这位铁帽子王都死在天花上，能不让人谈"花"色变吗？

爱新觉罗·岳托（公元 1599~1639 年）是礼烈亲王代善的长子。岳托能征善战，早年跟随玛父（满语，爷爷）努尔哈赤、阿玛（满语，父亲）代善征战四方，立下了不少战功。岳托作战勇敢，有勇有谋，被老汗王努尔哈赤授予台吉（意思是聪明的皇子）的称号，努尔哈赤十分喜欢这个孙子。

后金天命六年（1621 年），老汗王努尔哈赤率军攻打奉集堡返回时，受到明朝人马的突袭。老汗王派岳托出战，抵挡明朝军队的进攻。岳托作战勇敢，顽强御敌，率大军打退了明军的进攻。随后，努尔哈赤攻打沈阳，总兵李秉诚见后金军来势汹汹，随即仓皇逃跑，岳托率军穷追不舍，明军大败。

后金天命八年（1623年），岳托奉玛父努尔哈赤之命，与阿巴泰率军征讨昂安部，英勇杀敌，将昂安斩首，立了大功。

后金天命十一年（1626年），老汗王努尔哈赤在距沈阳40里的云爱鸡堡与世长辞。诸王贝勒根据努尔哈赤在天命七年制定的共治国政的汗谕，共同商议由谁做新的汗王。当时他的阿玛礼亲王代善也有继承汗位的可能。

当时岳托是镶红旗额真（满语，旗主），代善掌管正红旗。代善是努尔哈赤的次子，而且功勋卓著，手握重兵，势力最大；另一个有希望继承大位的是四贝勒皇太极。皇太极是努尔哈赤的第八子，他机智过人，拥有正白旗，长年随父努尔哈赤征战，军功累累。

老汗王崩逝的当天，岳托认为四贝勒皇太极在四大贝勒中聪慧过人，长于谋略，智勇双全，汗位应该由皇太极来继承。他对代善说："国不可一日无君，宜早定大计。四贝勒（皇太极）才德冠世，深契先帝圣心，众皆悦服，应速即大位。"代善听了岳托的这个建议，知道皇太极论才干、论抱负都是一个不错的人选，他说："此吾夙心也。汝等之言，天人允协，其谁不从！"岳托见和阿玛代善意见取得了一致，也就放下心来了。其实岳托也是为大局着想。试分析，假如代善被拥立而得到汗位，那么，岳托也会得到皇太子的名分，有可能成为后金汗国的又一继承人。因为岳托是代善的长子，又功勋卓著，如果代善做了汗位，没有理由不先考虑长子，而去考虑其他的儿子。另外，岳托年纪尚轻，如果精心培养，谁也不能否认他的光明前途。岳托完全可以支持自己的阿玛，

119

但他从当时的政局出发，考虑到后金军队汗王崩逝、军心不稳，如果再出现家族中手足争位就很危险了，那样的话，不用明朝派兵来攻，自己就互攻而灭了。从这一点可以看出，岳托和他的阿玛代善一样，没有私心，顾全大局，为了后金的江山社稷甘愿鞠躬尽瘁。

次日，诸贝勒大臣聚于崇政殿，共同讨论新汗王的事，代善首先说道："四贝勒智勇胜于我，须代立。"随后，代善向各位贝勒及大臣陈述了立皇太极的理由。几位贝勒看代善支持立皇太极，主动让贤，为避免手足之争，也都赞同立皇太极。后金天命十一年（1626年）九月初一日，皇太极即位为后金汗国新的大汗，改年号天聪，定次年为天聪元年。

后金天命十一年（1626年）十月，新汗王皇太极派岳托随阿玛代善率军攻打扎鲁特部。岳托作战英勇，力斩扎鲁特部的鄂尔斋图，收降了前来归降的部众。为了表彰岳托的功绩，皇太极晋封岳托为贝勒。

后金天聪元年（公元1627年）正月初八日，岳托奉天聪汗皇太极之命，同济尔哈朗、阿敏、阿济格等众叔父出征朝鲜。皇太极对济尔哈朗曰："朝鲜屡世获罪我国，理宜声讨，照此非专伐朝鲜也。明毛文龙近彼海岛，倚恃披猖，纳我叛民，胡整旅徂征，尔等两图之。"济尔哈朗听了皇太极的策略后，统率大军渡过鸭绿江，岳托协助作战，占领了义州。随后，岳托又随叔父阿敏等率军进攻驻守在铁山的毛文龙大军，迫使守将毛文龙退守皮岛，铁山守将毛有俊等被杀，又连续攻克了定州、汉山两座城池。最后大军直杀到平壤城下。朝鲜国王李倧得知消息后马上派人向后金议和。贝勒阿敏主张继续攻打，岳托却不赞成。他说："我们既与朝鲜定盟，又统率朝廷重兵，不可长居于外。况蒙古与明朝是我们的宿敌，如果知道我主力在朝鲜，也许会趁此时机袭击我军，那形势就危急了。我们应该与朝鲜结盟后迅速回国。"岳托分析得很对，可见他有勇有谋。后金天聪元年（1627年）三月初三日，朝鲜国王李倧率众臣与阿敏、岳托等在江华岛盟誓。盟誓达成协议后，大军撤离朝鲜。四月十七日，岳托、阿敏等人返回盛京，受到了天聪汗皇太极的热烈欢迎，皇太极论功行赏，给岳托又记了一功。

后金天聪二年（1628年），岳托和叔父阿巴泰（努尔哈赤的第七子）率军攻打锦州城、杏山城、高桥城。大军所到之处，明兵败阵而逃，岳托沿途烧毁了21座明台。回到盛京后，天聪汗皇太极亲自出城迎接，犒劳三军将士及岳托、阿巴泰等人，并赐给岳托一匹良驹。

后金天聪三年（1629年），岳托率大军攻打锦州、宁远两城，与叔父济尔哈朗派兵烧毁了明朝军队的粮草。岳托趁着黑夜偷袭大安口，与叔父济尔哈朗一起率领右翼大军，将大安口的水门毁掉，打败了镇守在马兰营的明军，和叔父阿巴泰的大军会师于遵化。随后又率大兵攻克顺义县，打败明朝总兵满桂，继续向京师进发。十二月，岳托等率军围困永平。大破守卫香河的明军，又立一功。

后金天聪五年（1631年）三月，皇太极问诸贝勒："国人怨断狱不公，何以弭之？"岳托奏曰："大汗应该选拔忠诚的直臣，远离奸佞小人，赏罚分明，以正国法。"由此可见，岳托在政治上是有一定谋略的。

后金天聪五年（1631年）八月，岳托又随皇太极、叔父济尔哈朗等率军围困大凌河城，很快攻占了附近的台堡。

后金天聪六年（1632年）正月，岳托上奏建议皇太极善待归降的士兵及汉人，不要像永平屠城那样，将不归降的汉人全部杀光。应该让前来归顺的明朝士兵、汉人百姓们安居乐业，这样他们才会臣服于后金。

明朝的士兵如果知道后金善待百姓，善待他们的家眷，也会纷纷前来归降，这样大明就不战而败了。皇太极听了岳托的建议，非常满意，充分肯定了岳托的政治眼光。后金天聪六年（1632年）五月，岳托又随叔父济尔哈朗率军征伐蒙古察哈尔多罗特部，迫使林丹汗逃跑，大军驻扎在穆噜哈喇克沁。岳托和济尔哈朗率领右翼大军进攻归化城，收降了蒙古察哈尔多罗特部1000余人。

后金天聪七年（1633年）八月，岳托协助叔父德格类（努尔哈赤的第十子）率军攻打旅顺，英勇杀敌，终于攻占了旅顺。大军回到盛京时，皇太极亲自为岳托酌酒，以示犒劳。

后金天聪八年（1634年）闰八月，林丹汗患天花病死在甘肃大草滩。皇太极得到消息后，于次年二月，命多尔衮、岳托、豪格等人，率领1万精骑，迅速前往河套一带收抚察哈尔部众，寻找林丹汗长子额哲等人的下落。岳托出色地完成了这次任务，收降了众多察哈尔部众。同时还从叔父多尔衮身上学到不少带兵之策。尔后，岳托又率军攻打山西，因病在归化城休养。这时他得到消息，阿噜喀尔喀部、博硕克图汗之子俄木布联合明朝准备进攻后金。岳托派一小队人马伏击明朝使臣，又向土默特部借兵攻打阿噜喀尔喀部，避免了一场祸乱，稳定了蒙古诸部。

皇太极改国号大清后，改年号崇德，晋封岳托为成亲王。没过多久，有人告发岳托图谋不轨，有谋反之心，诸王建议皇太极，岳托论罪当斩。但皇太极最终宽恕了他，下诏将岳托的爵位降为贝勒，免去兵部之职。尔后，皇太极又重新起用他掌管兵部的一切事务。

崇德三年（1638年）九月，皇太极派岳托为扬武大将军，随睿亲王多尔衮率领清军分两路入关。一路走墙子岭，一路走青山关。岳托率领大军从墙子岭攻击，他冲锋陷阵，一马当先，攻克明朝长城烽火台11 座。一直率大军杀到山东，攻克了济南城。

岳托在济南城驻扎时不幸染上天花，于崇德四年（1639 年），不治而死。尔后，睿亲王多尔衮率师返回盛京，他拿出功劳簿递交给皇太极，并告知皇太极岳托在济南驻军时不幸见喜，薨逝军中的消息。皇太极十分悲痛，下诏为岳托停朝三日。

不久，岳托的灵柩运回盛京，皇太极为岳托举行了隆重的葬礼，亲自到安葬岳托的沙岭进行祭奠，并下诏追封岳托为克勤郡王。岳托薨逝后由长子爱新觉罗·罗洛浑承袭王位（后改号衍禧郡王）。康熙二十七年（1688 年），康熙皇帝为了表彰岳托的功绩，为他立碑撰文。乾隆四十三年（1778 年），乾隆皇帝下诏将岳托画像及牌位入祀盛京贤王祠，配享太庙。

怡亲王胤祥：临危受命，拨乱反正

在大多数的民间传说和影视剧里，雍正是一个残兄害弟、心胸狭窄、无情无义的人，但是，他对于弟弟允祥的信任、重用和感情，足以令人们改变这些看法。

胤祥是康熙的第十三子，生于康熙二十五年（公元 1686 年）二月，母亲章佳氏在康熙的后妃中地位平平，于康熙三十八年去世。少年时代即失去母爱的胤祥生性淳诚，谨度循礼，在诸兄弟中虽不算出类拔萃，但文才武艺都不后于人。他十几年间默默无闻，以至在康熙的前十四个皇子中，除幼年夭折者外，只有他一人终康熙朝没有得到过任何封爵。幸运的是，胤祥在四哥胤禛心目中被视为最可信赖的兄弟。在他十五六岁时，就曾几次与四哥一起随同父亲视察河道工程，巡幸五台山和江南。后来虽遭囚禁，但胤禛却一直没有忘记与十三弟的感情。康熙六十一年（公元1722年）十一月，这位挂念他的哥哥成为继统新君后，立即使胤祥重见天日，受封怡亲王并一跃成为朝中最显要的人物。

雍正即位后，对其兄弟们或杀或贬或禁，落得个"弑兄"、"屠弟"的恶名。而他为何唯独亲善胤祥呢？

其实，胤祥得宠靠的是他的"忠敬诚直"、"勤慎廉明"。雍正四年（公元1726年）七月，雍正曾亲书这八字匾额赐胤祥，就说明胤祥确实做到了这八字。

胤祥对雍正毫无二心，全心全意为皇兄消烦解忧。据说，雍正做皇子时，胤祥就倾心雍正，兄弟俩一度"形影相依"，经常赋诗唱答，感情颇为融洽。雍正即位之后，胤祥坚定地与胤禩、胤禟等划清界限，成为雍正最得力的助手。按雍正的话说："怡亲王公而忘私，视国事有如家事，处处体贴，能代朕劳，不烦朕心。"

雍正还喜欢胤祥"直言无隐，表里如一"。雍正很少听进不同意见，而胤祥却能委曲劝谏，既能周旋于诸王大臣之间，又不会扫雍正的龙性，很是得体。据说，雍正最初曾怀疑十七弟胤礼是政敌胤禩的人，因此即位后就贬他去守陵。还是胤祥在雍正面前替胤礼美言，胤礼才得以放回，并被晋封为果郡王，直至果亲王，一度派为要差。一些大臣如李卫也是靠胤祥的建议才得重用的，雍正认为胤祥能"表里如一"，又能"直言无隐"。

如果说胤祥的忠诚是获得雍正宠信的前提的话，那么，其勤奋和清明则是胤祥受到重用的关键所在。

胤祥曾被委任为雍正初年的总理事务大臣，总理户部三库，政权、财权集于一身，并成为服丧时雍正的代言人。那时，公务繁杂，又有胤禩、马齐等存二心的三个总理事务大臣从中掣肘。而胤祥多能承雍正意旨，勤劳任事，成为头绪繁杂、百废待兴的雍正初政时期的中坚柱石。

后来，胤祥在清理国库亏空、整治京畿水利、对准噶尔用兵等事中勤勤恳恳，兢兢业业，任劳任怨，真可谓"鞠躬尽瘁，死而后已"。

雍正十分信任胤祥，将一些朝廷机要交给胤祥去办。但是，胤祥时刻以"伴君如伴虎"自戒，丝毫不将机密事透漏于外。所以，雍正夸胤祥对要事"一语未尝宣泄"。同时，还赞赏他"一举未尝放逸"。胤祥处处小心谨慎，不炫耀己功。雍正曾多次表示要奖赏胤祥，但是，胤祥每每都坚辞谢让。按例赐给的封银他也不要，破例加赏俸银也辞之不取，逾制增加的仪仗他辞谢不受，加封儿子为郡王他也一再辞谢，甚至雍正特赐的陵寝吉地，他也固辞不要。

胤祥在任户部主事时，过手的钱粮不计其数，他公私分明，以廉洁立品，秋毫不肯染指，更不要说接受官员们的贿赂了。据载，胤祥勤于治事，而拙于理家，王府内"草率不堪"，所以，有人攻击他矫情违意。不过。胤祥一生节俭自持，以致临死前嘱咐后人要丧事从简，不要将金玉珠宝甚至华贵的衣服带入棺内。

胤祥经常受命亲审大案要案，但从来不对案犯用刑，而以词色辨其曲直，往往能审得实情。另外，他办事也精明利落。按雍正的话说：胤祥"见理透彻，莅事精详，利弊周知，贤愚立辨"。

雍正八年（公元 1730 年）五月初四怡亲王胤祥病故，雍正此时也在病中，但他却带病料理了胤祥的丧事，足见其对胤祥的厚爱。

理亲王弘晳：梦想很丰满，现实太打脸

新皇登位大都要度过一段为巩固皇位打击对手的特殊时期，聪明人哪怕有天大的野心都应该俯首听命。要命的只偏偏有不少自认为聪明的糊涂人，理亲王就是这样一个人，自然，他也就成了首当其冲被乾隆修理的对象。

弘历当了皇帝后，受到极大伤害的除了弘历的同父异母哥哥弘时外，莫过于废太子胤礽第二子、嫡长子弘晳了。雍正可以对自己的亲生儿子弘时狠下毒手，永绝后患，但对弘晳则碍于康熙遗嘱，未便下手，从而导致乾隆即位后一次"流产的政变"。

康熙弥留之际，除交代了帝位传承大事之外，还郑重嘱托雍正说："废太子、皇长子性行不顺，依前拘囚，丰其衣食，以终其身。废太子第二子朕所钟爱，其特封为亲王。"康熙原本是很想将皇位传给自己的嫡长子胤礽和嫡长孙弘晳的，无奈天不由人，才被迫放弃了这个他认为最完美的方案。但这位很重感情的老人并未因此丝毫减弱对他们的爱心，很有可能康熙晚年时常为此感到不安，甚至愧疚，到他即将辞别人世，决定将帝位交给胤禛、弘历这一对父子时，自然想对胤礽、弘晳父子有所补偿。雍正忠实地执行了上述遗嘱。雍正二年胤礽病逝，追谥理密亲王。至于弘晳，雍正登极之时即封其为郡王，六年又进封亲王。

乾隆即位以后，以庄亲王允禄为中心，逐渐形成了一个以近支宗室王公等组成的政治集团，他们暗中相互串联，行踪诡秘，与年轻的乾隆皇帝相对抗。这一集团除允禄外，主要有理亲王弘晳、宁郡王弘皎、郡王弘升、贝勒弘昌、贝子弘普和镇国公宁和这些乾隆的叔伯兄弟。弘晳以昔日东宫嫡子自居，心怀怨愤，允禄及其他弘字辈的兄弟则不然。允禄在雍王时被封庄亲王，乾隆即位特命总理事务，又赏亲王双俸，兼与额外世袭公爵，在乾隆诸叔中，庄亲王允禄可谓恩宠最隆。弘普与宁和都是允禄之子，弘普于乾隆元年封贝子，宁和则得了那个"额外世袭公爵"，这两个人也可称为受恩于乾隆。弘昌与弘皎参与这个政治集团更不好理解。他俩是乾隆十三叔、怡贤亲王胤祥之子，胤祥与雍正关系非同一般，雍正称其为"自古以来无此公忠体国之贤王"，去世后令配享太庙，还打破祖制，命怡亲王王爵世袭罔替。弘皎于雍正八年封宁郡王，弘昌则于乾隆初由贝子晋封贝勒。弘升是乾隆五叔、恒亲王允祺的长子，康熙末封世子，但这个亲王世子到雍正五年八月时被削去了——当时乾隆三兄弘时不寻常地死去，弘升被革去世子看来很耐人寻味，不过，乾隆即位后，将其赦宥，封郡王，用至都统，还受命管理火器营事务，他参与暗中反对乾隆的党派活动真是不可思议。

乾隆对这个怀有敌意的政治集团有所察觉是在乾隆三年的时候，只是缺乏足够的证据，才迟迟没有采取行动。到第二年秋冬之际，有人告发弘晳等人与庄亲王"结党营私，往来诡秘"，乾隆才下令宗人府查询此案。经过宗人府的一番审办，最后奏请将允禄、弘晳、弘升革去王爵，永远圈禁，弘皎、弘昌、弘普、宁和具革去本身爵号，宗人府在拟罪请旨的奏折上，特别指出理亲王弘晳在听审时"不知畏惧，抗不实供"。值得注意的是，乾隆在最后裁决此案时，说庄亲王允禄"乃一庸碌之辈"，弘升不过"无藉生事之徒"，弘昌则"秉性愚蠢"，弘普则"所行不谨"，弘皎"乃毫无知识之人"，而所列弘晳罪行之严重、居心之险恶，则大不相同。虽是这个罪名，也只是革去亲王，免于圈禁。

但是事情并未终结，后来弘晳又受到重罚。其一方面是因为他以旧日东宫嫡子自居，仍然期望有朝一日取乾隆帝位而代之。更重要的是，乾隆四年（公元 1739 年）十月到十二月，有一个叫福宁的人，是弘晳的亲信，来到宗人府告弘晳有弥天大罪，乾隆震怒，命平郡王福彭、军机大臣讷亲严切审讯得知。在审讯有关案犯时，巫师安泰的口供最骇人听闻。据安泰供称，他曾在弘晳府中作法，自称祖师降灵，弘晳随口问了以下几个问题，请神作答："准噶尔能否到京？""天下太平与否？""皇上寿算如何？""将来我还升腾与否？"

这些问题活脱脱勾画出一个唯恐天下不乱、企图东山再起的政治失意者的嘴脸。更为严重的是，弘晳不仅窥视皇位，梦想复辟，而且已经开始付诸行动了。经过平郡王福彭等人的继续审讯，弘晳已经仿照管理宫廷事务的内务府之制，设立了掌仪司、会计司。俨然以皇帝自居！

所以乾隆皇帝怒不可遏地斥责弘晳"居心大逆"，命交内务府总管，在景山东果园永远圈禁，其子孙亦革去黄带，从宗室中除名。随着昔日东宫嫡子弘晳被永远圈禁于阴森蔽日的高墙之中，从康熙晚年开演的宫廷争储闹剧也就落下了最后一幕。

建宁长公主：皇权博弈下的政治牺牲品

在金庸的《鹿鼎记》中，有一个颇有些武功，蛮横不讲理且有自虐情结的建宁公主。金老先生给她安排的出路是，阉割了吴家世子吴应熊，成了小流氓鹿鼎公韦小宝的小老婆。但史实是，嫁到吴三桂家不假，并且最终保全了留在北京的吴家（吴应熊除外）。

恪纯长公主是清太宗皇太极第十四女，初封和硕公主，顺治十四年晋封为和硕长公主，顺治十六年封建宁长公主，后改为恪纯长公主。她的丈夫吴应熊是吴三桂之子。恪纯长公主是清皇家公主中唯一下嫁汉人的公主，因其婚姻带有浓重的政治色彩，因而注定她的生活难以风平浪静，时刻都会卷入政治的漩涡之中，最后以夫死子丧、独守空帏的悲惨结局终了一生，成为政治婚姻的牺牲品。

恪纯长公主，其母系皇太极庶妃奇垒氏。公主出生时，皇太极正亲临锦州前线，由于忙于战事，这位年已半百的父亲未能回盛京（今沈阳市）的宫城看一眼刚出世的小公主。当公主刚满周岁时，正是皇太极大破明军于锦州地区，降服明朝蓟辽总督洪承畴之时，所以皇太极似乎格外喜欢这位庶出的小公主，不久封为和硕公主。皇太极去世时，小公主只有3岁。

清军入关后，各地抗清斗争此起彼伏，清廷派刚刚归降的吴三桂前去西南。吴三桂是汉人，此番去西南，重兵坐镇，虽为平西王，听命朝廷，但恐生别念，因而孝庄皇太后欲将皇太极最小的女儿恪纯长公主许配给吴三桂之子吴应熊。一来可笼络吴三桂使其成为皇亲国戚，为清皇室效忠卖命。二来吴应熊身为额驸（清代对公主丈夫的称呼），将其邸留在京城，可以做个人质。即使吴三桂图谋不轨，也不能不考虑他儿子在京的安危。而吴三桂却另有打算，他愿意让儿子去得个额驸的头衔，攀上金枝玉叶，成为皇亲显贵，树立自己的威风。自己身为汉人，将来在外建功立业，难免招惹清廷的猜忌和满人的嫉恨，留着儿子在京做个人质，可以让清廷放心，以免时刻限制自己扩展势力。同时自己此番前往西南，不知何时回京，西南距京路途遥远，消息闭塞，难以掌握朝廷动向，儿子在京城可以为自己时刻传递消息，以便了解朝中大事和清廷对自己的态度。因而他同意将儿子吴应熊留在京城，自己率军前往四川，一桩政治婚姻因此而定。

顺治十年八月，孝庄皇太后主婚，恪纯长公主下嫁吴应熊。恪纯长公主心中十分不情愿，自太祖以来，还未曾有过公主下嫁汉人的先例，怎么偏要将她嫁与汉人？虽然皇兄顺治帝重用汉人，渐习汉俗，朝中也有像范文程、洪承畴这样位居高官的重臣，但事实上汉人地位远不如满蒙贵族，自己是皇家公主，以金身玉体怎能去匹吴应熊呢？然而孝庄皇太后的旨意她是不能违抗的。在封建社会里，妇女一直是受歧视、受压迫的，她们只能向往爱情而没有选择爱人的权利，必须依父母之命，听媒妁之言，即使贵为皇家公主也不例外。

尽管此时她还不懂自己下嫁吴应熊是清王朝笼络和收买吴三桂的手段，尽管她还不知道这桩婚姻的政治目的和吴应熊的处境，尽管她无法预知自己的未来，但事实上，这位带着希望和梦想的年仅 12 岁的公主已经被卷入了政治漩涡，以后的命运已经和拥有重兵、坐镇云南、野心勃勃的吴三桂紧紧地拴在一起。

婚后第二年公主生了个儿子，取名吴世霖。自儿子出生后，夫妻二人日渐和睦，公主被吴应熊这个汉族额驸调教得日习汉俗，对汉文诗书也颇精通，而且与这位额驸过着夫唱妇随的生活。恪纯长公主与吴应熊深谢皇恩，一家人平安无事，其乐融融。

吴三桂自被封平西王镇守云南后，很少回京，但儿子吴应熊每隔几天就派人捎书信到云南，因此，京城的大小事情他无所不知。吴三桂非常清楚自己拥兵在外，清王朝是不会安心放任他这个汉族平西王的，所以他也时常派人与吴应熊联络，打探各种消息。

后来吴三桂发动叛乱，为平叛三藩，不留祸根，康熙下令捉拿了吴应熊父子。恪纯长公主在丈夫、儿子被绑走后，悲痛欲绝，一病不起。康熙十三年，吴应熊父子被推出午门斩首，这一年公主年仅33岁。

自从吴应熊父子被杀以后，只有恪纯长公主独守额驸府。本来出入的人就很少，现在显得更加冷清。恪纯长公主不愿再见任何人，就连元旦、冬至、万寿这三大庆典她也称病不去，只是偶尔去拜见孝庄太皇太后。丧夫丧子的痛苦使她苍老了许多，心也老了许多，再也不想与别人争什么。公主不相信康熙帝所说的吴应熊与吴三桂谋逆，直到清廷平定了三藩，从吴三桂五华山居处搜出了大量的吴应熊与吴三桂的书信，才认清了吴应熊的真正身份，才看清了吴应熊的嘴脸。她不得不承认自己对吴应熊的行径根本没有察觉，她感到被欺骗和被愚弄了20多年。恪纯长公主羞愤交加，又一次病倒。当公主病倒的消息传到宫内后，康熙亲自到额驸府中探望和安慰公主，并下诏："公主为叛寇所累。"自此后，康熙帝常到府中慰藉公主，此后恪纯长公主经常出入皇宫，姑侄二人还常常一起谈论诗书。

康熙四十三年十二月，恪纯长公主刚过完63岁寿辰，这位饱受政治婚姻之苦，独守空帏30年的公主终于度完了余生。

富察皇后：伉俪情深，红颜薄命

自古红颜多薄命，不仅是平民女子，也不仅是林黛玉那样的官宦女子，孝贤皇后虽然既赢得了皇后的地位，又赢得了皇帝的爱情，也没能逃脱这个宿命。

乾隆皇帝的皇后富察氏，生于康熙五十一年（公元1712年）二月二十二日，满洲镶黄旗人，是典型的名门闺秀。其祖父米思翰，在康熙皇帝时深受倚重，官至户部尚书，列议政大臣，参与机密。康熙初年，米思翰与兵部尚书明珠一起，力主撤三藩，最终翦除了大清帝国的心腹之患。米思翰第四子李荣保官至察哈尔总管，富察氏为其爱女，从小即受到良好的教育，学习诗书，深谙古今贤德女子的嘉言懿行，小小年纪，在当时旗人贵族女子中即已颇著贤声。

雍正五年（公元1727年），弘历16岁，雍正开始考虑儿子的终身大事。在众多亲贵们的女儿中仔细观察、左挑右选后，雍正最终看中了富察氏。

这年七月十八日，16岁的弘历与富察氏举行了婚礼。新婚之后，夫妻恩爱，伉俪情深。第二年（1728年）十月，富察氏为弘历生下了一个漂亮的女儿，然而，仅过两年，此女就不幸夭折。雍正八年（公元1730年），富察氏生下儿子永琏。永琏是个长相俊秀，天赋极高的孩子，弘历夫妻对他异常宠爱，雍正皇帝对这个孩子也十分疼爱。次年，富察氏又为弘历生下一个千金，这就是固伦和敬公主，15年后，下嫁给蒙古科尔沁和硕亲王色布腾巴尔珠尔，成为清代满蒙联姻政策的实践者。弘历与富察氏，这对年轻的小夫妻，有了一对活泼可爱的小儿女，其兴奋、满足之情可想而知。

乾隆登基后，富察氏被立为皇后。从此，富察氏以身作则，崇尚节俭，尽心尽力地辅佐皇帝、管理后宫。有一次，乾隆身上长了个重疖，富察氏忧心如焚，亲进汤药，当乾隆病好后，太医说："皇上必须休养百日，元气才能恢复。"富察氏听后，就搬到乾隆寝宫外面一个小房间居住，亲自照顾其起居。100天后，乾隆身体康复如旧，富察氏却消瘦了许多。这个时期的清朝宫廷充满了温馨与和谐，乾隆没有内顾之忧，一心一意地治理国家，整饬吏治，革除弊端，施恩于百姓。

然而命运似乎故意与这对恩爱夫妻作对。乾隆三年（公元1738年）十月十二日，他们视若心肝的儿子、年仅9岁的永琏竟然突患寒疾，当即死亡。这对乾隆和富察氏都是极其沉重的打击。这场灾难最大的受害者是皇后富察氏，得知这个噩耗，悲痛欲绝。多少次，她在梦中怀抱娇儿，醒来却是两手空空，唯有以泪洗面。第二天，当她去见皇太后、乾隆的时候，还不得不强装笑脸，她不愿自己失子的哀伤过多地影响母亲和丈夫的情绪，就这样，一晃过了七八年。

乾隆十年（公元1745年）夏，富察氏又有了身孕。这对于富察氏来说真是天大的喜事，抚摸着腹中的婴儿，她由衷地感到幸福。第二年，富察氏生下了一个健壮的男婴。孩子生期恰是佛祖诞生之日，上天作美，又降喜雨浇灌万方，乾隆夫妇视为吉兆，欣喜异常，就连群臣以及妃嫔也喜笑颜开，竞相庆贺。乾隆绞尽脑汁，为孩子取名永琮，并已在内心将其立为太子。

然而命运实在太不公平，当永琮刚满1岁零8个月的时候，在大年三十竟因出痘不治而亡。这次打击把富察氏彻底摧垮了。生活对于她来说简直就是一场噩梦、一场灾难。8年之中，两丧爱子，前后所生4个孩子，竟有 3 个夭亡，对任何一个母亲来说都是难以承受的打击。她实在太痛苦了，痛苦得以至于没有了眼泪，她实在太伤心了，伤心得以至于感觉不到生活的乐趣。

看着皇后急剧衰弱的身子，一种不祥之感在乾隆心中陡然产生。为了减轻皇后丧子的哀伤，乾隆十三年（公元 1748 年），乾隆带着皇太后、皇后等人一同启銮东巡。巡幸中，皇后显得兴致勃勃，时而到太后处问安侍膳，时而与皇帝低语闲谈，脸上的愁云也比在京师时少了许多。其实，富察氏的兴奋与兴趣不过是为了不让乾隆以及太后失望，她内心的忧伤依然如故，而且与日俱增。当她路过乡村城镇，看到平民家的孩子活蹦乱跳地玩耍便心如刀绞。山东的暮春，乍晴乍雨，冷暖不定。习惯于北方寒冷、干燥气候的富察氏在济南开始感到不适，太医诊断为寒疾，乾隆闻讯，立即下令推迟回銮，以便她在济南休息几天。然而，富察氏不愿因为自己而导致众人长时间滞留外地，不愿太后为自己的健康过分操心。因此，当病情略有减轻，富察氏就强打精神，对乾隆说可以启程回京。

富察氏的身体实在太虚弱了，过度的悲伤，旅途的劳累使她根本无法抵御疾病的侵袭。四月八日，富察氏的病情突然恶化，惊惶失措的乾隆令将其火速抬上御舟，并调集良医会诊。这个时候，随驾的诸王、大臣也得到消息，纷纷前来问安。然而，为时已晚，病入膏肓的富察氏早已奄奄一息，到半夜时分竟溘然长逝，和永琮去世的时间仅相隔 3 个月。

在富察氏去世后的相当长的一段时间，乾隆完全沉浸在巨大的悲痛之中。为了寄托自己的哀思，乾隆将富察氏为自己制作的衣服、荷包均一一收藏，令子孙后代，世世相传，并为其定谥号为"孝贤"。

香妃：乾隆风流韵事中的一段谜

新疆喀什城东 3 公里处有"香妃"墓，当地人称"艾孜牙提"。"艾孜牙提"是座很大很雄伟肃穆的维吾尔族风格的建筑，有圆顶，圆顶上有塔楼，塔楼尖儿上有镀金月亮。大厅里有半人高的平台，平台上排着72 座坟丘。"香妃"墓显然是借助"香妃"的名气，她的墓不过是这72 座坟丘中的一座，位置在平台东北角。她和她的家族在一起，这个家族有五代人共葬在这座大墓堂里。

"香妃"何许人也？

据传闻，乾隆中叶，清军入回疆，定边将军兆惠俘获一回部王妃。此女子天生丽质，更奇的是她身体会散发异香，人称"香妃"。乾隆帝对她大为倾心，执意纳之为妃，为讨其欢心，特在西苑建造了一座宝月楼，供"香妃"居住，并常亲临探视，希其顺从。然而香妃性格刚烈，誓死不从，并身藏利刃，表示不屈的决心，还时常因思念家乡凄然泪下。

皇太后得知此事，召见"香妃"，问她："你不肯屈志，究竟做何打算？""香妃"以"唯死而已"相答。太后说："那么今日就赐你一死。""香妃"顿首拜谢。于是太后趁乾隆帝单独宿斋宫之际，命人将"香妃"缢死。太后处死"香妃"的原因，除了上述为成全其名节外，另有说是太后担心自己的儿子弘历（即乾隆帝）为"香妃"所害，还有说由于"香妃"受乾隆帝宠爱，诸妃妒忌，向太后进谗言，太后听信谗言而加害"香妃"。

"香妃"死后，乾隆帝悲伤不已，最后以妃礼将其棺椁送往故乡安葬。此说在清末民初流传颇广，出现不少叙述"香妃"故事的戏曲说唱、小说诗歌，绘声绘色，凄婉动人，使不少人对"香妃"传闻信以为实。1914年故宫浴德堂展出一幅以《香妃戎装像》为题的清代女子戎装油画像，于是传说更加流行。

"香妃"死后，乾隆只有叹息的份儿，无奈将其送往新疆安葬。她的遗体按照伊斯兰教的规定做了处理之后，特意做了一顶轿子，由124人抬着，翻山越岭经过大沙漠，走了3年半的时间才回到喀什。还有传说，"香妃"死后葬在了北京香山。北京香山之名因"香妃"而来。

显而易见，"香妃"是和顺治帝的董妃、光绪帝的珍妃一样被渲染得极绚丽、极悲壮、极富传奇色彩的人物。

1914年，北京古物陈列所成立，该所设在故宫外庭。成立时，古物陈列所从承德避暑山庄运来了一幅油画，画中女子小眼厚唇，披挂着西式盔甲。此画被悬挂在西华门内武英殿西侧的浴德堂后元代所建阿拉伯式浴室的门框上。阿拉伯浴室被称为"香妃浴室"，悬挂的画像被称为"香妃"画像，此外还有说明文字。戎装画像、阿拉伯式浴室、说明文字三位一体，互为佐证，加上古物陈列所所具有的严肃性、权威性，观众纷至沓来，一时卷起了一股"香妃"热，其画像被印成照片，价格昂贵，销量却很好。

这恐怕是历史上第一次炒香妃的事件，也是相当成功的一次。20世纪70年代，在香港又有人炒了一回"香妃"，又有一种"香妃"像画片出现，也是根据一幅油画影印的。画中人与戎装的"香妃"不同，很秀气，柳眉凤目瓜子脸，这种形象的照片也不胫而走，被多种书商翻印，大发利市。

新中国成立前还有旗装戏《香妃》。戏中她寡言笑，不屈从，进而谋刺，最后以殉身告终。近年流行的电视剧《还珠格格》中的香妃也是楚楚动人，让人怜爱。于是人们认定，历史上确实有个"香妃"。

从清代乾隆朝留下来的许多历史档案资料来看，乾隆帝后宫中的容妃的事迹都一一和传说中的"香妃"相似。首次提出传说中的"香妃"就是容妃的是北大教授孟森先生。他在抗战前夕写的《香妃考实》一文中，提到了一条主要的证明材料：有人"于民国二三年间至东陵，瞻仰各陵寝；至一处，守者谓即香妃冢，据标题则容妃园寝也"。这是因为"民国二三年"时守东陵的人，仍是原来清皇陵的守墓者。他们说容妃就是"香妃"当属宫廷内部因袭的传统说法，比较可靠。赵尔巽《清史稿》卷214《后妃列传》中记载："容妃，和卓氏，回部台吉和札赉女。初入宫，号贵人。累进为妃。薨。"这些记载表明，容妃确是实有其人的。在清高宗诸妃中，"容妃"是首先提到的"回部"即维吾尔族妃子。同时，近年有学者以众多可信的资料也考证出，传说中的"香妃"，就是指乾隆皇帝的维吾尔族妃子——容妃。传说中关于"香妃"的许多事情是后人编造出来加上去的。

孟森教授在《香妃考实》一文中认为"香妃"可能是大、小和卓的妹妹或女儿，现在看来这种说法应该是一种因袭旧说的牵强附会。有学者发表《"香妃"史料的新发现》一文第一次公布了在故宫博物院中珍藏的清朝档案资料，其中有一个重大的发现："香妃"的祖先不属于阿帕克和卓支系，而是属于额赖玛特和卓支系的。这支家族和大、小和卓同一个高祖，但不是一个曾祖。

乾隆二十五年（公元1760年），乾隆帝令额色伊、图尔都、玛木特和额赖玛特和卓支系的其他人陪同"香妃"进京，他们都受到了清朝皇帝的封衔。乾隆帝还下令在皇宫南城墙外的西长安街，为他们建造了特别的寓所。根据中国第一历史档案馆里发现的资料，"香妃"是辅国公图尔都的亲妹妹，而图尔都和"香妃"兄妹的父亲，根据《西域同文志》和《西域图志》所载的谱系表看，应该是"和卓"阿里（即艾力）。额色伊是她的五叔，帕尔萨是六叔，图尔都是兄长。有的学者主张"香妃"之父为帕尔萨，但根据清皇宫内府档案，清廷给帕尔萨的封爵和御赠他的财物、"香妃"去世后分给他的遗物等的数量都比别人少，不像是对待一位"国丈"大人。《清史稿·后妃列传》以及现在出版的《二十六史辞典》中都明确地写着"容妃"是"台吉和札赉之女"。"台吉"是封号，"和札赉"三字包含了伊斯兰教上层的称呼"和卓"和"香妃"之父的名字"阿里"两部分。"卓"和"阿"合音为"札"；"赉"是"里"的模糊音。"和卓阿里"四字的快读音为"和札赉"。学者们把"赉"字误认为"麦"，就永远解释不通。这类例子在《清史稿》等史籍中还很多，如把"和卓集占"快读而翻译成为"霍集占"就是另一例。如此流传，往往弄错了少数民族历史人物的真名实姓。由此，我们基本上可以肯定"香妃"之父为额赖玛特家族支系的和卓阿里，即和札赉。和卓阿里英年早逝，在大、小和卓反叛清朝时已经不在了。当年联合布鲁特武装牵制并攻打喀什叛军的"回部"武装的是"香妃"的五叔额色伊和胞兄图尔都。

　　"香妃"家属不仅不属于大、小和卓叛乱集团，而正相反，他们还曾经起兵配合清军平定大、小和卓之乱。当时，"香妃"的哥哥图尔都和五叔额色伊一起，联合了布鲁特（柯尔克孜族）的武装去攻打盘踞在喀什噶尔的叛军。平定叛乱以后，"香妃"随叔叔额色伊和哥哥图尔都一起被乾隆皇帝召到北京长住。不久，进宫当了贵人，跨越了"常在"和"答应"两个阶梯，得到特别的优待。新进宫的"和贵人"得到了珍珠、丝、毛、200两银子和15两金子的赏赐。一个月后，她的兄长图尔都喜获一所新的有20多间房的寓所，在今东四附近。赏给他的礼物有布匹、马具、家具和现金。他的年薪从100两银子增加到240两银子。而与此同时，额色伊和其他在京亲属仍保持他们原有的年薪水平。

在皇宫里，和贵人享有和宫内所有妃嫔同等的华贵豪奢的生活。宫中分发哈密瓜等贡品时，和贵人往往得到额外的一份。由于她信奉的伊斯兰教规定食物的严格限制，还带来了她自己的维吾尔族厨师努尔买提，专门为她烹调清真食品，如"谷伦杞"即"抓饭"。她显然继续穿她自己的民族服装，因为在她当妃嫔的头五年，有文字记载在1765年，乾隆将她晋升为"妃"的级别时，说明她没有满族的宫廷服饰，上面命令为她缝制合适的长袍。乾隆二十七年（公元1762年）"和贵人"晋封为"嫔"，并改名为"容"，称为"容嫔"，是秉承皇太后的旨意。乾隆二十六年（公元1761年）甲午上谕："钦奉皇太后旨意，贵人拜尔噶斯氏、霍（和）卓氏。……俱著封为嫔。"同年，其兄图尔都从台吉擢升为"辅国公"。乾隆三十三年（公元1768年）六月辛酉上谕："钦奉皇太后旨，……容嫔著封为妃。"乾隆三十一年（公元1766年）乾隆帝的第二位皇后死后，他再没有立皇后，从此，容妃是宫中最高等级的妃嫔之一，仅次于皇贵妃。她的地位在妃子中处在第三或第四位上。

史书上记载，容妃曾多次随乾隆和皇太后外巡。乾隆三十年（公元1765年），她同乾隆帝去江南巡视，到过苏州、杭州等繁华城市。在南巡中，供给她的菜肴有野鸭、鹿肉、鸡和羊肉；乾隆三十六年（公元

1771 年），她又随同乾隆帝到山东去登临泰山，瞻仰了曲阜孔庙。她还随同乾隆帝一起巡视过东北的盛京（今沈阳）和热河，并是木兰狩猎场的常客。从这么多活动来看，容妃和乾隆之间关系十分融洽，并非像影视作品中描写的那么敌对。

大清朝在乾隆以前，没有回族妃嫔的先例。容妃以回部女子至清朝，乾隆不把她安置在后宫，特营建西苑宝月楼，作为金屋藏娇之所。楼南隔街建"回子营"，修礼拜寺。当时，八旗以外的所有百姓都住外城。唯独回子营近在咫尺，依靠九重。这是乾隆爱屋及乌。乾隆为容妃兴建宝月楼的原因是：

第一，语言文化不相同。容妃讲维吾尔语，不能与诸妃嫔住在一起顺利交流，所以特地隔于南海最南之地，其地又在外朝之外垣。这里同皇宫既联系又分割，环境优雅，湖水涟漪。乾隆会维吾尔语，可以同容妃用维吾尔语直接交谈。第二，饮食习惯不同。第三，生活风俗不相同。维吾尔族的衣服、装饰，同皇宫的后妃、宫女都不同。皇宫除御花园外，别无游观之处。乾隆于瀛台之南筑宝月楼，则随时可以驾幸西苑，而不必如临圆明园，路途既远，又烦劳出驾。容妃在这里则可免去其他妃嫔争宠之扰。第四，宗教信仰不相同。满族的宗教是萨满教，乾隆又崇奉喇嘛教。维吾尔族信奉伊斯兰教，要做礼拜。容妃所居之地，隔长安街面对回子营，建回教礼拜堂及民舍，并使内附之回民居住，屋舍皆沿袭回风。容妃站在楼上，可以望见对面的"回子营"，以解思念之情。

从报告容妃最后几年生活的某些档案资料获悉，乾隆五十一年（公元 1786 年），她命令从苏州的皇家丝绸厂提取了价值近 400 两银子的丝织品。乾隆五十二年（公元 1787 年），她从皇宫的药剂师处开了"平安丸"，显然当时她感身体不适，但似乎仍然在继续正常地出席皇宫里的酒宴和其他大事。乾隆五十三年（公元 1788 年），第三个太阴月，她得到皇帝赠予的礼物奶糕。同年四月十四日，皇帝又送给她十个蜜柑。五天后（四月十九日），她竟不幸与世长辞了。容妃的确切死因，至今还无从查考。容妃去世以后，她的财产分给她的娘家、太监、宫女、穆斯林士兵及其妻子们，在有关资料中都有详细的记录。

和孝公主：酷似"小燕子"的皇室异类

看过《还珠格格》这部电视剧的人，对那个天真烂漫、漂亮又带点假小子气的小燕子印象深刻，因其戏说的成分颇多，观众恐也未把它当真事来看。但历史上乾隆皇帝真的有这样一位和小燕子性格相似，且喜欢女扮男装的公主，她就是和孝公主。

乾隆皇帝被世人称为风流天子，他一生妃嫔众多，这些妃嫔曾为他生育 17 位皇子、10 位公主。其中最末一位公主即十公主，是乾隆最宠爱的一个女儿。

十公主生于乾隆四十年正月，这时的乾隆皇帝已 65 岁。公主生母为乾隆的惇妃汪氏。汪氏为教统四格之女，18 岁时被选入宫，封为永常在，乾隆三十三年进为永贵人，三十六年十一月十日封为惇嫔，三十九年十一月进为惇妃，次年正月初三惇妃生下了乾隆最小的女儿——十公主。乾隆老年得女，对十公主异常宠爱，视若掌上明珠。在十公主 1 周岁生日那天，乾隆皇帝特赏赐给她汉玉撒口钟、汉玉娃娃戏狮、青玉匙、红白玛瑙仙鹤、油柏圆盘玉扇器等一大批玩器。

乾隆皇帝疼爱十公主，还有另外的原因，据乾隆年间的礼亲王昭梿所著的《啸亭续录》记载，乾隆喜欢十公主，是因为十公主"其貌类己"，长得与乾隆皇帝很相似，同时还因十公主自幼性格刚毅，有坚强的意志，这一点更像乾隆皇帝，因而乾隆对十公主宠爱有加，恨不得将十公主扶上皇位，来继承他的事业。据该书中讲，十公主在12岁时，乾隆帝曾对她说："汝若为皇子，朕必立汝储也。"

少年时的十公主在乾隆帝的宠爱与庇护下，在生母惇妃的精心教养下健康成长，十二三岁的女孩子已长得亭亭玉立、楚楚动人了。而且，十公主体格健壮，臂力过人，"能弯十力弓"，尤其喜欢骑马射箭、玩弄刀枪剑戟等器械。

乾隆皇帝宠爱十公主，那么对于十额驸的选择也是非常慎重的。乾隆四十五年，十公主年方5岁，乾隆就将她指配给自己的宠臣、当时权势最大的户部尚书、御前大臣、军机大臣、大学士和珅年仅10岁的独生儿子丰绅殷德为妻。

乾隆五十二年，十公主被破格晋为固伦和孝公主。按清朝体制，皇后所生之女才能封为"固伦公主"。"固伦"满语即"国家"的意思，品级相当于亲王。妃嫔所生之女封"和硕公主"。"和硕"满语即"旗"的意思，品级相当于郡王。十公主既非皇后所生，又非皇贵妃所生，只是由于受到乾隆皇帝的特殊宠爱，才按皇后之女的规格加封。

十公主的品级确定之后，开始议定额驸品级，由礼部奏请乾隆钦定，封丰绅殷德为固伦额驸，品级与固山贝子相同。并赏给丰绅殷德金镶松石如意一柄。

十公主被乾隆帝破格加封之后，从是年三月二十六日起，开始准备下嫁。乾隆赏给她伽南香念珠一盘、汉玉扇器四件、镶松石如意一柄等一批珠宝绸缎。又赐给她田宅、建立公主府等，并举行了册封公主的隆重仪式。按照清制，册封公主要给金册和一定数量的金钱。册封公主的金册共 4 页，每页用 6 成金 4 成银，重 4 两六钱 2 分 5 厘；金钱每个也是 6 成金，共重 1 两 5 钱。公主的册文由翰林院撰拟，金钱两面各镌满汉文字"富贵吉祥"字样。

乾隆五十四年，十公主 15 岁，乾隆决定在这年十一月二十七为她完婚。在这之前礼部已根据十公主的品级，通知各有关衙门备办陪嫁所用的妆奁衣服、金银首饰、绸缎布匹、马驼、帐房、女子、人口、庄头、器皿和箱柜等人员与物品，并在下嫁的前一天将十公主的陪嫁妆奁物品，选派两名年命相合的内管领之妻押送到公主府，并负责铺放停当。

十公主下嫁这天，乾隆皇帝在保和殿和长春宫分别举行筵宴，宴请文武百官和王公大臣的女眷。十公主在离宫之前，先到皇帝以及生母惇妃面前行拜别礼，然后等待出嫁。额驸府第修建得十分壮观气派，充满了喜庆的气氛，贺喜人也络绎不绝。

十公主下嫁后，同丰绅殷德情投意合，夫妻俩互敬互爱、情意深重。但是，十公主婚后没有完全陷入夫妻间卿卿我我之中，没有被婚后的甜蜜所陶醉，她由于受乾隆的教育与影响，对社稷的安危、国家的兴乱很关心，对额驸要求很严格，希望他成为国家的栋梁之材。

嘉庆四年，嘉庆皇帝下令锁拿和珅及其党羽下狱。由于公主求情，嘉庆皇帝没有夺丰绅殷德爵位，让其"留袭伯爵"。和珅的妻妾家眷，也因十公主竭力为之求情，才得以保全。

和珅被籍没之后，十公主由于嘉庆皇帝多方照顾仍然过着荣华富贵的生活，同额驸朝夕相处，恩恩爱爱。

额驸丰绅殷德 35 岁之后患了严重的哮喘病，嘉庆十五年，他解任回家养病，不到半年就病死了，享年 39 岁。之后，十公主独自一人主持家政 10 余年，内外严肃，治家有方。并得到了嘉庆、道光两位皇帝周到的照顾。

道光三年九月，十公主因病去世，享年 49 岁。

第六章

臣轨：皇权独尊时代臣子的闪耀与没落

范文程：为满清定鼎的"刘伯温"

明有刘伯温，清有范文程，但范文程对于清王朝的贡献，比刘伯温对明朝的贡献要大得多。一般百姓无人不知能掐会算的刘伯温，而对范文程却所知甚少，除刘氏身上那层神秘的外衣外，也与人们对清朝政权的敌视有关。无论如何，范文程在一个视自己为异类的政权里，既能淋漓尽致地发挥才干，又能全身而退，实在是个了不起的人物。

范文程，字宪斗，号辉辙，是宋代名臣范仲淹的后人。

明万历四十六年（后金天命三年），努尔哈赤率八旗军占领抚顺，范文程归顺后金。但是，努尔哈赤比较藐视汉人，范文程在他手下熬了8年才得到一个章京的小官。

皇太极即位后，开始重用汉人。他当然不会放过才高八斗的范文程。他一即位就立刻把范文程提拔到自己的跟前。

凡是军政大计都先和范文程商量后才做决定，范文程受到了皇太极的极大尊敬，每逢王公贝勒向皇太极报告军政大事时，皇太极第一句话就是"范章京知道吗"，他不直接称范文程，而尊称为范章京。臣子的议论奏折有了不当之处时，皇太极也总是说："为什么不和范章京商议呢？"奏事大臣回答说："范章京已经同意了。"皇太极就不再询问，同意执行，甚至范文程生病，有一些事情还要等到他好了之后裁断。

　　按清朝的规定，章京有时负责起草皇帝的诏书，开始时皇太极还要看一下范文程起草的诏书，后来干脆都不看了，直接就批准执行。

　　他还对范文程说："我相信你不会有错的。"范文程也很争气，为皇太极出了很多良计，其中最有名的就是施反间计除掉了明朝边关大将袁崇焕。

　　皇太极去世后，摄政王多尔衮之亲弟豫郡王多铎色胆包天，看到范文程的妻子长得十分漂亮，竟然要抢夺范文程之妻。多尔衮知道后，罚多铎俸银 1000 两，夺其 15 个牛录。范文程感恩图报，立即上书摄政王，奏请立即出兵伐明，夺取天下，此书讲清了四个问题：其一，明国必亡；其二，与"流寇"争天下；其三，良机难得，稍纵即逝；其四，变方针，创"大业"，禁杀掠，收人心。

　　范文程的建议对清夺取中原的基本方针、政策的制定，对促使清军进关起到了巨大的作用。范文程启奏摄政王之后的第五天，摄政王多尔衮带领豫郡王多铎、阿济格等八旗王公大臣，统领满蒙汉官兵 10 余万在吴三桂的带领下，顺利攻占北京。

　　百务废弛，社会混乱，人心波动。范文程昼夜操劳，佐理国政。尽管当时头绪纷繁使他非常劳累。但与此同时，他始终紧紧抓住根本问题，为革除明朝弊政，与民谋利，争取人心，开国定制而艰苦奋斗。他首先致力于稳定都城局势，紧接着，他又奏请为明崇祯帝发丧。崇祯帝朱由检于三月十九自缢于煤山，二十一日李自成的大顺军发现他的尸体，用 2 贯钱，买柳木棺置放，四月初四日安葬于昌平，多尔衮同意，并于五月初四日下谕：李自成原系故明百姓，乃敢弑主暴尸，"诚天人共愤，法不容诛者"，今令官民"为崇祯帝服丧三日，以展舆情"，著礼部、太常寺"备帝礼具葬"。此举深受故明官绅拥戴。

范文程还废除了明末横征暴敛的加派田赋之弊制。明末的辽饷、剿饷、练饷，平均每亩田增赋银2分多，全国共增田赋银1600余万两，比旧额增加了一半以上，地方官吏又借机勒索，闹得全国民怨沸腾，成为导致明朝灭亡的重要因素。

在连年战争中，农民军将明末的官府饷册通通烧毁，只剩下万历年间的旧册。范文程入京之后，即招集各部胥吏，征求册籍。以万历旧册为依据，照此征收田赋。多尔衮听从范文程之言，于七月十七谕告全国官吏军民，宣布废除三饷。

十月初十，顺治帝颁行的即位诏，又再次宣布："地亩钱粮，俱照前朝会计录（即万历年间的会计录）原额，自顺治元年五月初一日起，按亩征解，凡加派辽饷、剿饷、练饷、召买等项，悉行蠲免。"清朝田赋基本上没有加派，实奠基于此，这一利民利国的制度的确立和坚持与范文程是分不开的。范文程很注意争取汉族缙绅的归顺与合作，大力起用废官闲员，征访隐逸之士，让他们为官，治政教民。

顺治二年清年攻占南京后，范文程上疏：请于顺治三年、四年再次举行乡试、会试。顺治皇帝同意了。于是"江以南士子毕集，得人称极盛云"。范文程辛勤操劳，对清初的开国定制做出了重大贡献。

康熙五年（1666年）八月初二，这位为大清建国定制立下卓越功勋的大学士因病去世，终年70岁。

康熙帝知悉范文程病故，亲撰祭文，遣礼部侍郎黄机谕祭，赐其葬于河北怀柔区红螺山，谥"文肃"。其子承谟、承勋等分任总督、尚书等要职。

明珠：迷失在欲望中的帝王心腹

由能而宠，由宠而贵，由贵而骄，由骄而败，这是权相能臣官场沉浮的一条铁律，能逃脱这条铁律束缚的人少之又少，明珠也不例外。

明珠，字端范，姓纳喇氏，生于后金天聪八年（公元1634年）。祖父金台石于明万历四十一年（公元1613年）继其兄纳林布禄为叶赫部首领，后金天命四年（公元1619年）时，被英明汗努尔哈赤斩杀。其子尼雅哈、德勒格尔归顺后金，隶满洲正黄旗。

康熙三年明珠升为内务府总管大臣，"掌内务政令，供御诸职，靡所不综"，成为宫廷事务的最高长官。康熙五年（公元1666年），任内弘文院学士，参与国政。

康熙六年（公元1667年），玄烨亲政，明珠更被重用。次年，任刑部尚书。他奉命和工部尚书马尔赛调查淮扬水患，会同漕运总督、河道总督等官，到兴化市白驹场地方查勘。返回后，向康熙帝报告说：旧有闸口四座，所出之水，由牛湾河入海。后因禁海填塞，水路受阻，淹没田地。因为白驹场离海甚远，并非沿海地方，不应堵塞，应速疏通河道，将四闸开通，积水可尽放出。另外，仍可设置板栏，一遇发水，即行开放，地方不致淹没，居民也不必迁移。明珠等人又查明清口是淮河、黄河汇合处，如果黄河水泛滥，势必越过淮河，而淮河水弱，黄河水中泥沙，将阻塞河道。因此，他建议：将黄河北岸挑挖引河，以备蓄泄，使泥土逐水而下，保证运道畅通无阻。康熙帝采纳了他的建议，对解除水患，保护运道畅通，具有积极作用。十二月，传教士南怀仁认为，吴明烜推算的康熙八年历书中差错很多。明珠与其他大臣奉命测验的结果，证明吴明烜推算错误，南怀仁推算正确，都符合天象。康熙帝决定采用南怀仁的历书，并任命他为钦天监监副，掌管天文历法事务。

康熙八年（公元1669年），惩办了鳌拜以后，为消除鳌拜集团及其影响，明珠为朝廷提出了一系列新的建议。康熙九年，明珠改任都察院左都御史。康熙十年充经筵讲官。八月，建议停止盐差御史巡历地方之例。十一月，调为兵部尚书。康熙十二年（公元1672年）正月，康熙帝在晾鹰台检阅八旗甲兵。在明珠的指挥下，军容整肃。康熙帝称赞道："此阵列甚善，其永著为令。"

清初，平西王吴三桂，平南王尚可喜，靖南王耿精忠并列为"三藩"。在对待"三藩"撤与不撤这个重大问题上，唯有明珠与户部尚书米思翰、刑部尚书莫洛等极少数人，坚决主张撤藩，与帝意完全一致。康熙帝认为："吴、尚等蓄谋已久，今若不及早除之，使其养痈成患，何以善后？况其势已成，不若先发制之可也。"

当吴三桂发动叛乱时，朝廷有些人吓得惊慌失措。大学士索额图等人主张处死倡议撤藩的明珠等人，康熙帝严词拒绝。明珠竭诚效力，积极参与平定三藩叛乱的活动。康熙十九年，在处理尚之信属下兵丁时，给事中余国柱认为：尚之信标下官兵，应即撤回，三总兵官标下兵丁应予分散。议政王大臣会议认为：尚之信标下官兵应分入上三旗中，令驻广东，另设将军、副将军管辖。三总兵官标下兵丁，有愿为兵者为兵，愿为民者为民。康熙帝则认为：尚之信标下官兵均分八旗，另设将军、副都统管辖，分散其力量，日后或撤或迁比较容易。二总兵标下官兵仍驻广东，归将军管辖。裁去另一总兵标下官兵。他便征求明珠之意如何？明珠主张：尚之信标下官兵共十五佐领，分入上三旗，每一旗五佐领，为数不多，不必分隶八旗。以后若撤回迁移，亦不论旗分调取，由满洲

150

大兵押送，分入上三旗办法可行。康熙帝表示同意："既如此，不必分入八旗。尔等可改票来奏。"在处理耿精忠等人时，依照刑律应凌迟处死，其同伙董国瑞等 19 人应立斩。明珠上奏："耿精忠之罪，较尚之信尤为重大。尚之信不过纵酒行凶，口出妄言；耿精忠深负国恩，擅自称帝，且与安亲王内多有狂悖之语，甚为可恶。"随后又奏："此内有陈梦雷、金镜、田起蛟、李学诗 4 人，犯罪固应处死，然于应死之中，尚有可宥之处。"康熙帝命议政王大臣会议集议。于是陈梦雷等 4 人免死，给予披甲新满洲为奴。

三藩之乱的平定，巩固了清朝在全国范围内的统治，维护了全国的统一，在此期间，明珠的工作是有积极意义的。

康熙十四年，明珠调任吏部尚书，两年后，晋升武英殿大学士。从此明珠与索额图势均力敌，共理朝政。到康熙十九年索额图解任，由明珠一人佐理朝政，一直延续到康熙二十七年。在这 9 年时间里，恰值清朝承"三藩"之乱后恢复经济，明珠发挥了他的政治才能。

平定"三藩"叛乱以后，康熙帝开始解决台湾问题。康熙二十一年（公元 1682 年），福建水师提督施琅奏请自行进剿台湾。康熙帝征询大臣意见，明珠认为："若以一人领兵进剿，可得其志。两人同往，则未免彼此掣肘，不便于行事。照议政王所请，不必令姚启圣同往，着施琅一人进兵，似乎可行。"明珠指出当时的形势："郑经已死，贼无渠魁，势必衰微。"康熙帝同意明珠对形势的分析，表示"施琅相机自行进剿，极为合宜"。施琅攻占台湾后，便疏陈善后意见：台湾有地数千里，人民 10 万，其地十分重要，如果放弃，必为外国占据，奸宄之徒可能窜匿其中，应该设官兵防守。康熙帝认为：不能弃而不守，但镇守之官三年一易，亦非至当之策。于是命议政王大臣会议。明珠代表议政王大臣奏报：施琅请守已得之地，设兵防守为宜；郑克塽、刘国轩、冯锡范、陈允华等头目及近族家人，不便安置在外省，应带来编入旗下。康熙帝表示同意。明珠还上奏：施琅之功实大，应加封为侯，授为将军，其属下官兵应加等议叙。康熙帝认为"此议甚当，即依行"。在祖国统一的战争中，明珠是康熙帝的得力助手。

明珠任大学士时，参与筹划抗击沙俄侵略，并亲自与沙俄使者交涉。康熙二十年（公元 1681 年），蒙古正红旗副都统缺员，明珠推举彭春，"人亦颇优，不但副都统，即将军亦可"。康熙二十二年，明珠认为："萨布素甚优，与将军职任相宜。"彭春、萨布素在首次抗击沙俄侵略，收复雅克萨城的战争中立下了战功。康熙二十五年，清朝再令萨布素率兵包围被沙俄第二次占据的雅克萨城。沙俄派使臣到北京请求解围，明珠奉命在午门前接收文书，并负责谈判。康熙帝决定和平解决，令萨布素将包围雅克萨城之兵撤回驻地，为签订《尼布楚条约》之准备。

康熙帝崇尚理学，用以改变满族贵族缺少文化素养的武夫形象，并作为统治汉人的思想武器。在皇帝周围聚集了如熊赐履、汤斌、李光地等理学名臣。明珠作为新一代的满族贵族，注意与理学名臣建立良好的关系，不失时机地显示自己"好书画，凡其居处，无不锦卷牙签，充满庭宇，时人有比邺架者，亦一时之盛也"。其子性德为清代著名文学家，在徐乾学帮助下编印《通志堂经释》，俨然以宿儒自居。

当时，理学名臣之间，门户之见甚深，互相攻击。明珠"则务谦和，轻财好施，以招徕新进，异己者以阴谋陷之"。徐乾学原先请李光地引见给明珠，认为明珠是"可与为善之人，还有心胸"，因此想要请明珠帮助，重新起用熊赐履。明珠对徐乾学说，你报老师之恩很好，但熊赐履对你未必好。他对皇上说你学问好，其他都不好。于是，徐乾学怀恨而别。后来徐乾学与索额图联合，索额图与熊赐履抛弃前嫌，重归于好。明珠、余国柱很是惧怕，阴谋诬陷熊赐履。徐乾学与明珠的关系更加紧张了。

康熙二十四年，江宁巡抚余国柱告诉继任巡抚汤斌，朝廷蠲免江南赋税，乃明珠尽力促成，意欲勒索，遭到汤斌拒绝。考核官员时，外任官员向明珠馈送金银者络绎不绝。二十五年按察使于成龙与靳辅争论治河方案，朝臣均仰承明珠鼻息，支持靳辅，汤斌则陈诉勘查结果，赞成于成龙主张。凡明珠集团行事，汤斌多加梗阻。明珠、余国柱怀恨在心，奏陈汤斌有诽谤皇帝之语，建议罢免汤斌，但未获批准。时人认为："明珠、国柱辈嫉斌甚，微上厚斌，前途难料"。汤斌病死后，徐乾学又激其门生郭琇弹劾明珠、余国柱。在原先依附明珠的徐乾学、高士奇的密谋策划下，明珠降职。明珠本为广植党羽，招徕新进，联络理学名臣，但由于理学名臣间的学派纠纷，明珠、索额图集团之间的矛盾，却使他自己失去了左右朝政的地位。

康熙二十六年，李光地还乡探母，临行之前，明珠对他说：事势有变，江浙人可畏（郭琇曾为江南道御史，徐乾学，江南昆山人，高士奇，浙江钱塘人），不久我亦危险，无所逃避。冬季，康熙帝谒陵，于成龙在路上便对他说：当今官已被明珠、余国柱卖完了。康熙帝问有何证据？于成龙回答：请皇帝派亲信大臣去检查各省布政司库银，若有不亏空者，便是臣妄言。康熙帝讯问高士奇，高士奇尽言其状。康熙帝问：为何无人揭发？高士奇回答：谁不怕死！康熙帝又问：有我，他们势重于四辅臣乎？我欲除去，就除去了。有何可怕？高士奇说：皇上做主有何不可！于是，高士奇与徐乾学密谋，起草参劾疏稿。先呈皇帝改定，康熙二十七年二月，由金都御史郭琇参劾明珠八大罪状。

郭琇所列明珠八大罪状，直欲将明珠置于死地。在处理明珠问题上，康熙帝因"不忍遽行加罪大臣，且用兵之时，有效劳绩者"，故采取宽容的处理方式，革去明珠大学士职务，授为内大臣。明珠同党余国柱、科尔坤、佛伦等革职。康熙二十九年，康熙帝命裕亲王福全统兵征噶尔丹，明珠与领侍卫内大臣索额图等参赞军务，因未及追击败逃的噶尔丹，降四级留任。以后，康熙帝又两次亲征噶尔丹中，明珠都随从大军督运粮饷，因此叙功，恢复原级。康熙四十三年，明珠与大臣阿密达等奉命赈济山东、河南流民。于康熙四十七年（公元1708年）四月病死，终年74岁。

乾隆帝在审阅国史馆新纂《明珠传》后，认为：明珠主要的罪状是"徇利太深，结交太广，不能恪守官箴"。但是因康熙帝"念其于平定'三藩'时曾有赞理军务微劳"，而没有"暴示罪状"，严加惩罚，"是非功过不相掩"，仅是降职使用。

康熙朝前期，在分裂与统一的激烈斗争中，以及满族政治经济变革的形势下，明珠参与朝政，协助康熙帝清除鳌拜、平定"三藩"、抗击沙俄、收复台湾、平定噶尔丹、治理黄河、接受汉族影响建立清朝政治经济制度，都有利于祖国统一、经济发展，应予肯定。明珠结党营私，贪污贿赂等不法事，都是封建专制下的必然产物。康熙帝对郭琇弹劾明珠诸罪，并未公布于众，显然尚有曲全之意，这比索额图幸运多了。

索额图：站位不对，功勋作废

孟子曰："君子之泽，五世而斩。"一个有本事的君子，得了个好位子，挣了一大份家业，想把它千秋万代地传下去。但"五世而斩"，甚或"一世难保"，君子的梦想终会被残酷的现实所击碎。

索额图，姓赫舍里氏，满洲正黄旗人，出生年代推算当在崇德元年（公元1636年）前后，生于盛京（沈阳）。他生活在满族贵族夺取全国政权，进而统一全国的时期，即为满族从马上得天下，转变为统治天下的时代。

索额图之父索尼在后金天命年间（公元1616～1626年）为一等侍卫，其后屡立战功。后金天聪五年（公元1631年）升任吏部启心郎。

康熙六年（公元1667年）六月索尼去世，谥文忠。索尼的长子噶布喇任领侍卫内大臣，康熙四年，太皇太后挑其第二个女儿，册立为皇后。康熙十三年，皇后生皇二子允礽后不久便去世，谥孝诚仁皇后。次年，允礽被立为皇太子。索尼的第五子心裕"尚公主，遭遇之隆，古今罕觏"，先袭一等伯，后又世袭一等公，官至领侍卫内大臣。六子法保袭一等公。索额图乃索尼第二子，他正是以其皇亲国戚的特殊地位而跻身于朝廷。

索额图初为侍卫，康熙七年，任吏部右侍郎。康熙八年，五月，辞去侍郎职务，任一等侍卫。当时，身为四辅臣之一的鳌拜，广植党羽，"文武各官，尽出伊门下"，把他的心腹之人安插在内三院和各部院担任要职，随意罢免他不中意的大臣。鳌拜的专权跋扈，引起康熙帝的强烈愤怒，索额图也十分不满。康熙八年五月，康熙帝"以弈棋故，召索相国额图入谋划"，采取突袭的方式，逮捕鳌拜，惩其党羽，康熙帝始得真正主持朝政。八月，索额图升任国史院大学士。康熙九年恢复内阁制，索额图改为保和殿大学士，一直到康熙十九年八月离任。在这 10 年中，他成为朝廷里最有权势的大臣，在平定"三藩之乱"，稳定全国动荡的局面中，发挥了重大的作用。

当吴三桂、耿精忠发动叛乱而天下骚动之时，索额图认为这是因为撤藩激变，请将建议撤藩的人处死，遭到康熙帝斥责。索额图并未以此怀怨，在平定"三藩"的叛乱中，仍是积极出谋划策，协助皇帝运筹帷幄。康熙十八年十月，云贵总督周有德请求在进兵时应该专任一人，康熙认为：周有德好为大言。索额图说：他在陕西时，也曾条奏"若一路进兵，从之犹可！分道并进，如何可行"？同时，广西抚巡傅弘烈请求亲率兵进剿云、贵，兵部不准。康熙帝令大臣商讨进兵方略。

索额图认为："今大兵已经遣发，若又令其前进，多用官兵，必致劳困矣！"同年十二月，傅弘烈为进兵掣肘，请求辞去巡抚职务。康熙帝不同意，索额图建议说："前此弘烈奏，俱从其请。今若以言行不相顾，不令进兵，则彼反得借口解释前非。应仍令照常募兵，向所指之处前进。"以上意见都被康熙帝采纳，付诸实行，对平定"三藩"叛乱，具有积极作用。后来，礼亲王昭梿在《啸亭杂录》中追述说："索（额图）相当权时，多谋略，三逆叛时，公料理军书，调度将帅，皆中肯要。"索额图在平定叛乱、统一全国的事业中，建立了不可磨灭的功勋。

当时，武英殿大学士熊赐履与索额图为莫逆之交。熊赐履为湖北孝感人，顺治十五年（公元 1658 年）进士，后为康熙朝著名的理学名臣之一。康熙十五年，熊赐履票拟有误，欲嫁祸同官杜立德，取原草签，嚼后毁掉，引起纠纷，康熙帝命明珠审理。熊赐履一言不发，索额图劝说："这本无大事，就是审贼犯，也毕竟要他自己亲供，方可定罪，老先生不言，如何定案。"又说："老先生不要怕，就是如今吴三桂、耿精忠自己说出真情来降，皇上也只得歇了，赦了他，何苦不言！"熊赐履窘辱备至，承认错误后，被免去大学士职务。

当时，熊赐履在社会上声望甚高，世人都以为他是被索额图诬陷。明珠同党徐乾学对熊赐履说："熊老师不出，天下何以治之！其去之事，全是椒房（索额图）害之。"其实不然，熊赐履被免职后，康熙帝询问可用之人，"索（额图）必以熊对，熊（赐履）必以索对"。这种亲密关系是与他们的共同政治思想联系在一起的。索额图熟悉儒家学说，协助皇帝建立起清朝政治经济制度，俱载于康熙二十六年修《大清会典》中。不仅如此，索额图受汉族文化熏陶甚深，还是一位鉴别文物的专家。他"好古玩，凡汉唐以来，鼎镀盘盂，索相见之，无不立辨真赝，无敢欺者"。康熙十八年七月地震，北京官署民房倒塌很多，百姓死伤甚众。左都御史魏象枢乘机上奏索额图"怙权贪纵状"，请求重谴。康熙帝斥责索额图说："今见所行，愈加贪酷，习以为常"，告诫他要痛改前非，否则加以重处。

每逢康熙帝倾听部院面奏政事时，索额图经常首先上奏，陈诉己见，事关用人吏治、出征用兵等大事，多采纳其议。康熙十八年十一月二十三日，康熙帝因病不能上朝，便命部院官员，将其奏章俱送内阁大学士索额图等人核办。索额图权势隆盛，时人注目。

康熙十九年八月，索额图以病请求解任，蒙皇帝优旨褒称："卿辅弼重臣，勤敏练达，自用兵以来，翼赞筹划，允合机宜。"命在内大臣处上朝，不久授议政大臣。后来康熙帝又说索额图因贪恶，革退大学士。康熙二十二年三月，他对议政王大臣，列举索额图不端行为说：其一，索额图之弟心裕素行懒惰，屡次空班，皇帝交给索额图议处，索额图从轻处置，只罚俸一年。其二，索额图之弟法保懒惰，被革去内大臣职务，随旗行走，但仍不思效力赎罪，在外校射为乐，索额图未能尽教训之责。其三，索额图自恃巨富，日益骄纵。于是朝廷决定：革心裕銮仪使、佐领，仍袭一等伯，革法保一等公，革索额图议政大臣、内大臣、太子太傅，仍任佐领。这是索额图宦海生涯中的最低点。康熙二十五年（公元1686年），索额图复起，任领侍卫内大臣。

康熙二十七年，索额图奉命担任清与沙皇俄国谈判东北边界问题的首席代表，并签订了第一个中俄条约《尼布楚条约》。早在崇德八年（公元1643年），沙皇俄国就派瓦西里·波雅科夫越过外兴安岭，侵入黑龙江流域，其后，又有哈巴罗夫一伙匪徒越过外兴安岭，占领了达斡尔头人阿尔巴西住地雅克萨，建筑城塞，改名为阿尔巴津。他们还陆续沿江窜至黑龙江下游，到处烧杀淫掠，不断扩大对黑龙江流域的侵略。平定"三藩"叛乱后，康熙帝便集中力量准备反击沙俄的侵略。从康熙二十四年到二十五年，清军发起两次雅克萨反击战，挫败了沙俄的侵略，收复了雅克萨。沙俄被迫向清政府求和，遣使臣到北京，要求谈判。

康熙二十七年五月二十日，在商讨与沙俄谈判方针时，索额图提出："察俄罗斯所据尼布楚，本系我茂明安部游牧之所，雅克萨系我达呼儿总管倍勒儿故墟，原非罗刹所有，亦非两界隙地也。""尼布楚、雅克萨、黑龙江上下，及通此江一河一溪皆属我地，不可弃之于俄罗斯。"他认为：如果沙俄能归还逃人，承认尼布楚、雅克萨、黑龙江是清朝领土，即"与之画疆分界，贸易往来。否则，臣当即还，不与彼议和矣"。

康熙帝同意这一谈判方针，遂命索额图、佟国纲出发，前往色冷格，与沙俄使臣费·阿·果罗文谈判。六月，索额图等使臣行至喀尔喀地方，获悉噶尔丹正在叛乱，侵犯了喀尔喀蒙古，道路被阻，便退回了北京。康熙二十八年四月，经中俄两国代表重新商定，谈判地点改在尼布楚。索额图等人在出发前向康熙帝奏陈："尼布潮（楚）、雅克萨既系我属所居地，臣等请如前议，以尼布潮为界，此内诸地均归我朝。"康熙帝指示：

"尔等初议时，仍当以尼布潮为界。彼使者若恳求尼布潮，可即以额尔古纳为界。"康熙帝考虑到，噶尔丹正在进攻喀尔喀，希望尽早与沙俄划定国界，腾出手来对付噶尔丹，为此做出了重大让步。

索额图率领使团启程前往尼布楚，经过两个多月的艰苦跋涉，六月抵达尼布楚，驻扎在尼布楚河南岸，与尼布楚城相距3里。七月初五日，中俄两国代表在尼布楚郊外开始谈判，果罗文首先发言，诬蔑中国挑起战争，提出"两国以黑龙江至海为界"的无理要求。索额图当即予以驳斥："敖（鄂）嫩河、尼布楚皆为我茂明安等部原来居住之地，雅克萨为我虞人阿尔巴西等居住之地"，俄国人侵入中国领土，并强行占据。俄国应退到色楞格以西，归还侵占的中国领土。第二天会上，果罗文提议两国以布列亚河或结雅河为界。索额图根据出发前康熙帝的指示，与沙俄代表艰苦谈判，终于签订了以格尔必齐河和额尔古纳河，以及沿大兴安岭为两国边界为主要内容的《尼布楚条约》。索额图忠实地执行了康熙帝的旨意，维护了国家的利益。《尼布楚条约》是中俄两国在平等协商的基础上缔结的，清朝虽然未能收回茂明安游牧地，却阻止了沙俄的进一步侵略，保证了两国边境居民的安宁生活，巩固了北方边疆。

康熙四十年九月，索额图以自己年老，奏准退休，离开了朝廷。

康熙四十一年（公元1702年），康熙帝南巡到德州，皇太子得病，召索额图至德州侍疾。留居月余，皇太子病愈，一起回北京。这次康熙帝突然召索额图到德州的原因，表面上是令探视皇太子，真实含意却并非如此。索额图为皇太子生母孝诚仁皇后的叔父，太子与索额图关系又很密切。后来康熙帝逐渐对太子行事不满，索额图也被牵连在内。先是康熙三十九年即有人告发索额图，康熙帝没有处置。倾陷索额图的人，首先令人注目的是高士奇。高士奇家道贫困，但长于诗文书法，被推荐给索额图。索额图常以"椒房之亲，且又世贵，侍士大夫向不以礼，况高是其家奴狎友，其召之幕下也，颐指气使，以奴视之"。以后高士奇被康熙帝破格提拔，高官显贵，但见索额图时，"犹长跪启事，不令其坐。且家人尚称为高相公，索则直斥其名，有不如意处，则跪之于庭，而丑诋之"。索额图有时还"切齿大骂，辱及父母妻子"。为此，高士奇怀恨在心，"遂顿忘旧恩，而思剚刃干其腹中"。康熙四十二年，高士奇随驾北上，这时他已背叛索额图，投靠明珠。明珠与索额图"权势相侔，互相仇轧"。康熙帝回京后，于四十二年（公元 1703 年）将索额图处死。

康熙四十七年（公元 1708 年），康熙帝对大臣们列举了皇太子的"种种恶端"，又说："从前索额图助伊（皇太子）潜谋大事，朕悉知其情，将索额图处死。今允礽（皇太子）欲为索额图复仇，结成党羽。"据礼亲王昭梿说：索额图在狱中时，有"客潜入狱馈饮食，及公伏法，客料理丧殓事毕，痛哭而去，不知所终"。索额图的同党多被杀、被拘禁、被流放；同祖子孙都被革职，其二子格尔芬、阿尔吉善被处死。康熙帝对索额图一生所参与的重要军政大事，除与沙俄在尼布楚的谈判外，全面给予否定，并说"索额图诚本朝第一罪人也"。这是不符合历史事实的，也是极不公正的评价。

年羹尧：死在分寸感上的从龙之臣

"子系中山狼，得志便猖狂"，这句话是对年羹尧的最佳写照。从平民到大将军，年氏的人生极富戏剧性。历史上有很多人对"权欲"的饥渴，是那样的迫不及待，那样的不顾一切，那样的不知羞耻，那样的不择手段，那样的心毒手狠，心心所念，就是为了权力。宦海浮沉，不败的真谛何在？为人臣者有三忌：一是功高震主，二是权大欺主，三是才大压主。

年羹尧是清代前期著名大将，康熙十八年（公元1679年）出生在汉军镶白旗一个官僚家庭里。其父名年遐龄，精通骑射，清军入关，随军效力，因屡立奇功，授都统职。家有一妻一妾。妻子性情暴躁、凶悍，年遐龄常常为之头疼，待他纳一贫女为侧室时，河东狮吼更其厉害。侧室怀孕后，恐妻加害，就装病躲于帐中，年吩咐贴心仆人送饭、照顾。数月后一男孩呱呱坠地，夫人听说后，抢挟而去，命一老仆扔到河中喂鱼。那个老仆不忍心，将那个小孩藏匿起来。那个小孩的母亲不久伤心而死。后来年遐龄得知小孩还活着，百般哭求，那悍妇才同意将其带回家中抚养。这个小孩就是年羹尧。

年羹尧小时候聪颖异常但却性情顽皮。到了入学的年龄，其父为其和哥哥（异母）请一私塾先生教读。年羹尧一目十行，记忆不忘。其读书三年已将《十三经》烂熟于胸，年遐龄对其厚爱有加，赞叹不已。年羹尧便日益藐视私塾先生，常常以疑难的问题相责难，那个教书先生不能回答，只好气愤地请辞。如此这样，有3个老师先后请辞。没有人敢来授课了，年羹尧就带领一帮小孩到旷野中嬉戏，堆起石头做营盘，甩土块、投石头，玩得不亦乐乎。年羹尧任指挥，俨然临敌对垒，步伐整齐，进退有节，看到的人都为之称奇。

康熙三十九年，21 岁的年羹尧考中进士，并被选为庶吉士，这为他以后的仕途奠定了良好的基础。随后他充任四川、广东乡试的考官，慢慢升为内阁学士、授翰林院检讨。年父当时已任湖广巡抚，家中殷实。但年羹尧不甘心编一辈子史书，他要的是更多的实权。

康熙四十八年（公元 1709 年），胤禛晋封为雍亲王，并充任镶黄旗旗主。年羹尧跟随雍亲王，被放到外面做了一名武官。年羹尧在这几年立了几次大功，康熙颇为欣赏，逐步把他提升起来。就在这时，年羹尧的妹妹被选为雍亲王的侧室福晋，年家因此从下五旗之一的镶白旗，升入上三旗之一的镶黄旗。这样，胤禛与年羹尧既是郎舅，又有从属关系。胤禛在与诸皇子夺取帝位继承权的激烈争斗中，实力人物年羹尧的支持起了重要作用。

就在这一年，年羹尧奉命出使朝鲜，回国后不久升为四川巡抚。这时年羹尧刚 30 岁。当然这与他的才能也是分不开的。最突出的还是他的军事才能，使他在康熙时就崭露头角，颇受赏识和重用。康熙五十六年，准噶尔部策反进袭西藏，给清廷带来威胁。四川是入藏的重要通路之一，更是内地的屏障。为保证大军入藏的胜利，争取西陲安定，康熙不得不考虑在四川安排一位具有军事才能的人。年羹尧正是在这关键时刻上了一个奏折，指出了四川各营镇的弊病，提出了整饬营伍、增设驻防等建议，并称巡抚无权节制各镇，要求给以总督衔，表示"一年之后营伍必当改观"。敢于自请总督衔，这在清代还是罕见的，尽管有贪图功利之心，但仍不乏毛遂自荐的勇气。康熙答应了他的请求。年羹尧果然不负厚望，经理四川防务，去援大军入藏，协助运粮守隘，为西藏的最后平定，立下大功。

康熙六十年，年羹尧入京，被命为兼理四川、陕甘总督，并得到康熙赏赐的弓矢等物。此时，年羹尧已是赫赫有名的人物了。还在年羹尧在翰林院做编修时，他就与落魄潦倒的四阿哥有了切肤之交。四阿哥是康熙诸多皇子中的一个。皇子的身价向来取决于母亲，其母生时刚由常在晋为"德贵人"，只比普通宫女高一级，在众多后宫妃嫔中，身份低贱。皇子中，胤禛封贝勒后迁出皇宫，孤僻的性格使他更加形单影只。苦恼之极的四阿哥也只有天马行空，独来独往。他移情山水，问道寺观，有时还会干些不合身份的荒唐事。

八大处是京城有名的景点，也是泼皮无赖作奸犯科之地。这天，涉世不深的四阿哥就在翠微山上了大当，被"放鹰"的讹上了。走投无路之际，年羹尧恰巧路过，用一张银票为四阿哥解了围，从此二人即成莫逆。

康熙末年，年羹尧任川陕总督，十四皇子允禵在西北平乱。雍正密令年羹尧牵制允禵，使得重兵在握的允禵无法兴风作浪，终于确保雍正顺利即位。年羹尧在雍正即位之初对雍正的帮助不可谓不大。

雍正登基后，年羹尧和隆科多两人可谓是其左右手，加上年羹尧的妹妹是雍正的妃子，因而更增加了一种信任感。雍正即位后，朝局不稳，雍正急需用一些功绩来稳固自己的政权，安定民心。因此雍正就把西路军务粮饷和地方诸事交给年羹尧等掌管。青海罗卜藏丹增蠢蠢欲动，雍正倾尽国力来支持年羹尧剿灭罗卜藏丹增，年羹尧并未让雍正失望。

年羹尧深通兵法，擅于作战。在征青海时，有一次，进兵前一日忽而传令全营将士各带木板一片稻草一束，军中均不解其意，次日兵至榻子沟过淤泥深坑之地，年羹尧就命人将束草掷入并铺上木板，如是行军无阻。殊不知敌方原以此地为险，没想到神兵天降，猝不及防，清军遂破其巢。再如年羹尧征西藏时，一日半夜之间，忽闻一阵疾风从西边刮来，顷刻就消失了，年羹尧即命一将率领骑兵前往西南密林之中搜索敌人，结果将其全部歼灭。当部下问其故，年羹尧说："一霎而绝非风也，是飞鸟振羽声也，夜半而鸟出，必有惊之者，此去西南10里有丛林密树，宿鸟必多，意必贼来潜伏，故鸟惊起也。"足见其兵法之灵变。

后来，年羹尧率军将罗卜藏丹增杀得干干净净，为雍正向八王爷等人发难加重了一个重要的砝码。年羹尧也被加封太保、三等公。仅隔6天，又封其为二等公。次年，晋爵一等公。这时的年大将军已是威震西北，功盖天下了。

仅仅半年时间，年羹尧就独揽了西北军事指挥大权，其官位提升之快，权力膨胀之大，几乎令所有的王公大臣瞠目结舌。加上年羹尧扎实的文笔功夫、办事果敢、认真负责，更加得到雍正的重用。许多事是在君臣二人间秘密进行的。

作为新政权的核心人物，年羹尧被视作社稷重臣。虽远在边陲，雍正却让他参与朝政。在政务活动中，凡军国大事都要与他磋商，就连官员升迁，雍正也常常征求采纳年羹尧的意见。山西巡抚诺岷提出火耗归公的建议，雍正对年羹尧说："此事朕不洞切，难定是非，和你商量。你意如何？"律例馆修订律例，雍正阅后发给年羹尧看，要他提出修改意见。在用人和吏治方面，雍正给予年羹尧极大的权力。在川陕，"文官自督抚以至州县，武官自提镇以至千把"，其升迁降革均由年羹尧一人决定。对其他地方官员的使用，雍正也常听取年羹尧的建议。京口将军何天培的操守为人，朝中内外论说不一，雍正让年羹尧就其所知"据实奏来，朕以定去留"。年羹尧密参署直隶巡抚赵之垣庸劣纨绔，雍正遂将赵革职。江西南赣总兵缺出，朝廷拟用宋可进，年羹尧奏称他不能胜任，请以黄起宪补授，雍正便依从了年羹尧的建言。雍正还多次在其他大臣面前赞扬年羹尧，要他们向年学习。

雍正对年羹尧寄予厚望，而年羹尧也确实不负"皇恩"，为雍正、为朝廷可谓竭尽全力。雍正初年的一些成就与年羹尧的努力是分不开的。因此，他受到了任何人都无法相比的恩宠，加官、晋爵、赐第、赏金，接踵而至。就连其家属、奴仆也共沾圣恩。其父先后加尚书衔、太傅衔，封一等公；其子也得厚封。

在生活上，年羹尧的手腕、臂膀有疾及妻子得病，雍正都再三垂询，赐送药品。对年羹尧的父亲年遐龄在京情况，年贵妃以及她所生的皇子福惠的身体状况，雍正也时常以手谕告知。赏赐美食珍宝玩物更是常事，一次赐给年羹尧荔枝，为保存鲜美，雍正令驿站 6 天内从京师送到西安，这可与唐朝向杨贵妃进献荔枝相比了。雍正对年的宠爱无以复加，而同时他也把年抬高到一个年自己并未察觉到的危险位置，为年之死种下隐患。

事物发展如果逾越了规律必然导致走向反面。年羹尧难道不知道家奴不出籍不能为官的道理？年羹尧其实是被自己辉煌的业绩和巨大的权势蒙蔽了双眼，在一片恭维和赞颂声中自我膨胀起来，这很快引起了雍正帝的反感。

辉煌的业绩冲昏了年羹尧的头脑，他"既受天眷，日渐骄傲"，终于走向了反面。

他妄自尊大，不守臣道。在四川，年羹尧把康熙的行宫当作自己的中军营帐，每天有 1000 多人为自己运送蔬菜食品，吃饭称之"用膳"。在军中，蒙古诸王见他必须下跪。对待朝廷派来的侍卫用尽各种威逼恐吓之手段，让这些人直把年当作亲爹一般。他们被用作仪仗队，充下人役使，为他前引后随，牵马坠镫。按清代制度，凡上谕到达地方，地方大员须迎诏，行三跪九叩全礼，跪请圣安。但雍正帝恩诏两次到西宁，年羹尧竟"不行宣读晓谕"。他在与督抚、将军往来的咨文中，擅用令谕，语气模仿皇帝。更有甚者，他曾向雍正帝进呈其出资刻印的《陆宣公奏议》，雍正帝欲为此亲撰序言，但年羹尧以不敢"上烦圣心"为借口，代雍正帝拟就序言，要雍正帝颁布天下，如此僭越无度，雍正帝能不寒心！在雍正心中，年已经成为第二个吴三桂。

雍正二年十月他进京时，都统范时捷、直隶总督李维钧跪迎。到京时，黄缰紫骝，郊迎的王公以下官员跪接，年羹尧安然坐在马上行过，看都不看一眼。王公大臣下马向他问候，他也只是点点头而已。在京期间，他外出时，先令百姓填道，届时戒严，店铺关门停业。凡人给他送礼必称"恭进"，而他给属员之物称"赐"，接见新属员称"引见"，俨然皇帝对待臣子。年羹尧还"传达旨意，书写上谕"，俨然成为总理事务大臣。更有甚者，他在雍正面前，态度竟也十分骄横，"无人臣礼"。

他接受贿赂，侵吞军饷。除他的亲信外，凡走他"后门"以求一官半职者，都要给他进献厚礼，多者竟达现银2万两。仅仅人事安排一项，最多的一次收受40多万两白银，那时一品大员一年的俸禄才180两银子，可抵得上1万个八品官一年的收入！

由于常年统兵在外，他还多次侵吞军需，多者达100多万两。

他排除异己，结党营私。在保举官员时，他滥用私人，凡由他举荐者称为"年选"，连吏、兵二部也不得不给以方便。这样，他把自己的亲信全部安插，形成了以他为核心的"年党"。他的大小亲信分别占据各个要害部门，雍正皇帝当然如坐针毡。按规定，奴仆未出籍不得做官，而他的家奴桑成鼎却做了知府，魏之耀也当了署理副将。这些在众目睽睽之下的所作所为，自然引起了朝野的不满，难怪山西按察使蒋洞说他"恣凭胸臆，横作威福"。实际上，他是把自己放在了极其孤立的地位。年羹尧苛待部下，为人残暴。这大概也是最不得人心的一点。年羹尧性情急躁，喜怒无常，稍不如意就滥罚属下，甚至草菅人命、滥杀无辜。如他曾为儿子请了一个私塾先生，一日，一仆人为其盛饭不慎掉下几粒米，年羹尧即命人将仆人推出砍了，吓得教书先生目瞪口呆，只想尽快回家。在青海打仗时，某天年羹尧抢到一部落的美貌女子，当晚命都督在营门口站岗，都督认为年在云雨快活，肯定无暇顾及查岗，遂让人替岗。结果，年羹尧半夜巡视，大怒，最后竟将两人全处死了。再比如他曾派兵包围一个村落，制造了惨绝人寰的大血案。对于官员也是一样，四川巡抚蔡珽、驿道金南瑛等，都被年羹尧以莫须有的罪名罢免，制造了不少冤假错案。于是，大臣纷纷上表弹劾年羹尧，就连他的副将岳钟琪也弹劾这位顶头上司。

张廷玉曾言："本来就是用年羹尧来攘外，外患既除，还不知收敛，死期不远。"本来，功高盖主之人是最应该要懂得韬光养晦的，更应该懂得要及时抽身，年羹尧居然不退反进，想把10万大军培养成军阀实力，又插手地方政务，培植个人势力。对此种张狂，凡是人主都不肯饶，更何况是雍正这样一个以每天杀一名臣子而著称于世的铁腕皇帝。

结束陛见回任后，年羹尧接到雍正的朱谕："凡人臣图功易，成功难；成功易，守功难；守功易，终功难。……若倚功造过，必致反恩为仇。"这件朱谕一反过去嘉奖赞赏的词语，向年羹尧敲响了警钟，此后他的处境便急转直下。

可是没有等年羹尧反应过来，雍正转脸就跟有关官员打招呼，启发他们揭发年羹尧的劣迹，为其垮台做舆论准备，并剪除其亲信。

就在年羹尧骄横日甚之时，有识之士即已看到了他的下场。《啸亭杂录》卷一《年大将军先兆》记载：年羹尧在他的府第匾额上书"邦家之光"，有人嘲笑说："可改为'败家之先'"。真是旁观者清。他不仅遭到了群臣的嫉恨和反对，而且触怒了雍正。雍正自登基之初即着手整顿吏治，而且赏罚分明，因而对年羹尧的贪赃枉法是不能容忍的。特别是年羹尧进京时的表现，更使他改变了态度。

雍正二年十一月，工部郎中岳周以现银 2 万两请托年羹尧，希望荐为西安布政使。年未接受，奏报了皇帝。这件事使雍正产生了疑虑：一个能接受如此贿赂的大臣不可能是循规守矩的。但当廷议将岳周正法时，雍正却改为监候。不久，又发生年羹尧参奏四川巡抚蔡珽逼死重庆知府蒋兴仁一案。刑部议，按律拟斩。而雍正又下谕从宽免罪。对这两件事的处理，雍正说得很明白："朕思蔡珽所犯，系年羹尧参奏，今若将蔡珽置之于法，人必以朕为听年羹尧之言而杀蔡珽矣。朝廷威福，臣下得而操之，有此理乎？即如岳周之罪，本应即行正法，因系年羹尧所参，故改为监候。"寥寥数语，道出了内心之所虑。

最使雍正痛心的是，他看到了自己在用人上的失败，以及亲手建立的情报网在年羹尧处的失灵。雍正登基以后，为了加强中央集权，粉碎结党行为，曾派侍卫细心搜访显要大员的情况，以掌握各方动态，据说，雍正的手段非常厉害。雍正并不忌讳谈到告密，他标榜自己"朕励精图治，耳目甚广"。从现存的资料分析得知，他的耳目触角遍及全国各地，有以密折制度为依托的明线，又有由特工所织成的若干暗线。一切都是无形的却又很制度化。其情报网组织的人员，一为科道言官和写奏折的官员；二为雍正所培养的一批御前侍卫；三为通过各种渠道推荐给各省督抚的书记、长随等。

因此，"凡闾阎细故，无不上达"，"故人怀畏惧，罔敢肆意为也"。在人人畏惧的情况下，唯独年羹尧恣意妄为，而情报网又偏偏在这里出了问题，有关年的行动，竟无片语只言的报告。但是更令雍正感到特别意外的是，他派去监视年羹尧的特务，竟然给年羹尧牵马，充作下人。雍正感到格外痛心，想不到自己最信任、最重用的人，竟然是最有负于他的人。自然，爱之愈深而恨之愈切。对此，他一方面感到自责，一方面又转向对年羹尧的发泄。而他整人的策略是"不遇事发，姑不深究"。说确切些，就是要寻找机会。不久，这个机会终于来了。

雍正三年（公元 1725 年），是世界历史上微不足道的一年，但对清朝雍正王朝来说却是异乎寻常的一年。

在这一年二月，天空出现了一个奇特的天文现象，太阳还没有下山月亮就出来了，而且正好赶上金、木、水、火、土五星连珠，这种现象大概要一两百年才可能赶上一回，所以历来被认为是大吉大利。因此，百官是纷纷上书，上表祝贺皇上，说这是咱们皇上英明，天降吉祥。那年羹尧当然也不例外，他在上书时用了一个词"夕惕朝乾"，原词出自《周易》，意思是说有道德的君子、有学问的人整天都是非常勤奋努力，到了晚上，还总是想我是不是有什么地方做得不合适，明天是不是做得更好一点。年羹尧把常用的"朝乾夕惕"写成了"夕惕朝乾"，让雍正给抓住了，雍正认为他是有意倒置，心怀叵测，他在上谕里面说："……谬误之处，断非无心。"

雍正先将年羹尧的亲信甘肃巡抚胡期革职，署四川提督纳泰调回京，使其不能任所作乱。雍正三年（公元 1725 年）四月，解除年羹尧川陕总督职，命他交出抚远大将军印，调任杭州将军。这位朝廷重臣自事发之日起，竟毫无准备。初调杭州时他托词不愿前往，到杭州后仍抖威风，以致"鬻薪卖菜者皆不敢出其门"。

年羹尧调职后，内外官员更加看清形势，纷纷揭发其罪状。雍正以俯从群臣所请为名，尽削年羹尧官职，并于当年九月下令捕拿年羹尧押送北京会审。十二月，朝廷议政大臣向雍正提交审判结果，给年羹尧开列92款大罪，请求立正典刑。其罪状分别是：大逆罪5条，欺罔罪9条，僭越罪16条，狂悖罪13条，专擅罪6条，贪婪罪18条，侵蚀罪15条，残忍罪4条，忌刻罪4条。实际上有很多罪名，是强拉硬扯、随便上纲的。雍正说，这92款中应服极刑立斩的就有30多条。

一个被皇帝视如手足的权臣，一夜之间成了十恶不赦的罪臣。鸟之将死，其鸣也哀。年羹尧在监狱里上书哀求，他说：把我这条狗，把我这匹马留下，慢慢地给主子效力。雍正念年羹尧青海战功，格外开恩，赐他狱中自裁。毕竟不必杀头，可留下个全尸，自然算得上皇恩浩荡。

据说那晚，年羹尧沐浴后伏地长跪遥拜父母，他看着扑闪的青灯，听着长长的南屏钟声，提笔写道："晚钟送残月，孤灯落碎花。北风凋碧草，胡马腾白沙。"并咬破中指以血在墙上写下"狡兔死，走狗烹"6个大字，写毕，径向悬挂着的白绫走去。

年羹尧父兄族中任官者俱革职，他的儿子被斩，其他15岁以上、嫡亲子孙都发到边疆充军，家产抄没入官。叱咤风云一世的年大将军，终以身败名裂、家破人亡告终。

是年，年羹尧47岁。

仅仅用了14个月的时间，年羹尧就从权力的巅峰跌入死囚牢中，不仅他本人做梦也想不到，就是许多王公大臣也觉得奇怪：年羹尧的92条大罪状可谓件件有据可查，难道这是新发现的吗？显然这是秋后算账的结果。那么，他获罪失宠的真正原因是什么？他送命的症结又在哪里？

隆科多：难道真的是兔死狗烹吗

隆科多的权与贵是皇帝给的，皇帝自然也能夺走，虽然贵为国舅，而且有着充分的思想准备，但也未能逃脱这一命运。因为这是一种思维定式，世人无论是谁，只要坐（抢）到这个位置上，总会不由自主地这样去想去做。原本抢来的东西，难保不被别人抢去。所以，历史上兔死狗烹之事不断重演，是完全符合逻辑的。

隆科多步入军界和政坛，并青云直上，多半是由于他的祖辈、父辈对清廷的莫大功绩与尊荣，以及他同康熙间的至亲关系等因素所促成的。康熙二十七年（公元 1688 年），隆科多被任命为一等侍卫，不久又擢銮仪使兼正蓝旗蒙古副都统。三十四年（公元 1695 年），又兼任镶白旗汉军副都统。四十四年（公元 1705 年），因其部属违法妄行，被康熙发现，谕责隆科多不实心办事，革除其副都统、銮仪使之职，仍任一等侍卫。

康熙五十年（公元 1711 年），隆科多又突然升迁，被授为提督九门步军巡捕三营统领，开始掌握军权。五十九年（公元 1720 年）十一月，任理藩院尚书，仍管步军统领事务。

康熙晚年，诸皇子之间争夺储位斗争激烈。隆科多本来"与大阿哥相善，人皆知之"。后来，他为了巩固自己的权力和地位，竭力同日益受宠的胤禛拉关系。而急欲登皇位的胤禛看到隆科多握有军权，就设法同他暗相勾结。在这种情况下，隆科多同胤禛的关系空前密切，成为当时清朝政局颇为关键的两个人物。六十一年（公元 1722 年）十月，隆科多奉旨同胤禛一道清查通州（今北京通县）各个粮仓，以防不敷和霉烂。十一月，康熙病重，隆科多奉命侍疾御榻前。康熙在畅春园死后，隆科多宣读"遗诏"，由胤禛即帝位。胤禛正在痛哭之时，隆科多又提醒他说："大行皇帝深唯大计，付授鸿基，宜先定大事，方可办理一切丧仪。"于是，胤禛决定护送其父遗体进城，令隆科多，允祥负责备仪卫、清御道。他还命隆科多率军警卫京城，关闭九门 6 天，"诸王非传令旨不得进"大内，以防允禩集团乘机捣乱。胤禛实施的这些保安措施，遏止了朝廷内部可能发生的政治变故，而在这当中，隆科多立下了汗马功劳。从此，隆科多成为新政权的核心人物。康熙去世不久，胤禛就任命他为总理事务大臣之一，把其父在第一次废太子中获罪失去的一等公爵衔赏给隆科多，并称隆科多为舅舅，这是异乎寻常的。显然，胤禛是把封爵、尊称和总理事务大臣三个头衔作为对隆科多扈翼登基之功的酬谢。同年十二月，又以隆科多在办理康熙殡葬事务中"克殚悃诚"，"诸事允当"，赏给一等阿达哈哈番世职，让其长子岳兴阿袭，次子玉柱出侍卫擢銮仪卫銮仪使。后又任命他为吏部尚书，仍兼步军统领。

雍正元年（公元 1723 年），隆科多奉命主持会考府事务，专司各省奏销钱粮。三月，命加太保。四月，雍正亲赐隆科多"世笃忠贞"的御书匾额。雍正二年（公元 1724 年），隆科多被任命为撰修《圣祖仁皇帝实录》总裁官、撰修《大清会典》总裁官和《明史》监修总裁官。六月，他又奉命兼管理藩院事务，并受赐双眼孔雀翎、四团龙补服、黄带及鞍马紫骞。至此，隆科多得到朝廷的重用和恩荣达于极点，被雍正称赞为"此人真圣祖皇帝忠臣，朕之功臣，国家良臣，真正当代第一超群拔类之稀有大臣也"。

雍正即位初期，政局不稳，他劝谕隆科多和年羹尧这两个左右手同舟共济，内外鼎助。为了实现这个图谋，他甚至自行做主，把内弟年羹尧的长子年熙过给隆科多做儿子。其实，隆科多已有两个儿子，但能得到皇上的非同小可的恩赏，他感到万分欣喜，说自己命中该有三个儿子，这第三子即如同上天所给。随后，他将年熙更名为得住，并向雍正发誓，一定会同年羹尧亲密共事。

然而，对隆科多和年羹尧这二人来说，权重必擅，赏多必骄。隆科多自恃有功，在朝廷内部专横跋扈，揽权逐利。如在吏部，司官对他"莫敢仰视"，唯命是从。他所经办的铨选，人们称之为"佟选"。在诸王面前，他傲慢无礼。有一天，皇十七子允礼进宫，隆科多碰见了，他不按规矩跪一脚问安，仅起立表示致敬。允礼当时也不敢得罪于他，遂向他欠身而过。这时的隆科多变得狂妄自大，目中无人。同年十一月，雍正已察觉隆科多这方面的问题，他在河道总督齐苏勒的奏折上密谕："近日隆科多、年羹尧大露作威福、揽权势光景，若不防微杜渐，此二臣将来必至不能保全，尔等皆当疏远之。"

隆科多虽专擅逞威，但颇有心计。他预料到自己的权位并不稳固，因而在许多事情上都留了后路。他很早就把财物转移到各亲友家中，以防雍正抄家。他参与了雍正的夺储阴谋，意识到皇上迟早会除掉自己。他借诸葛亮的"白帝城受命之日，即是死期已至之时"，来抒发自己的恐惧心情。他担心权位过重，会引起雍正的疑忌，于是主动提出辞掉步军统领之职。

雍正三年（公元 1725 年）起，隆科多开始失宠，被解除步军统领之职。五月，他同年羹尧一起，遭到雍正的谴责："朕御极之始，将隆科多、年羹尧寄以心膂，毫无猜防，所以作其公忠，期其报效。孰知朕视为一德，伊等竟怀二心，朕予以宠荣，伊等乃幸为邀结，招揽纳贿，擅作威福，敢于欺罔，忍于背负，几致陷朕于不明。朕恨辨之不早，宠之太过，愧悔交集，竟无辞以谢天下，只有自咎而已。朕今于隆科多、年羹尧但解其权柄，不加刑诛者，正以彼等之妄谬，皆由朕之信任太过，是以唯有自责，而于伊等一概从宽也。自今以后，既觉其奸伪，晓谕众知，不复信任，假以要权。"并警告其党羽，应与他俩划清界限，断绝联系。六月，雍正又以其子玉柱行为卑劣，命革銮仪使等职，交隆科多管束。接着，又以隆科多徇庇年羹尧之罪和议叙银库各员不从公商酌为由，令交都察院严加议处。都察院奏议革去隆科多一等公爵，但雍正不同意，命削其太保衔及一等阿达哈哈番世职，并命往甘肃阿兰善等处修理城池，开垦荒地。

雍正对此安置还不放心，又特意谕示凉州总兵宋可进予以监视，叫他与隆"相见时不须丝毫致敬尽礼"。七月，雍正下令把过去赏赐给隆科多的黄带、紫扯手、双眼翎和四团龙等物俱收回，不准使用。显然，雍正这时不仅不信任隆科多，而且将他看成是诳君背主、植党擅权的大奸臣。

雍正四年（公元 1726 年），隆科多被罚往新疆阿尔泰岭，同策妄阿拉布坦议定准噶尔和喀尔喀游牧地界，事毕后再同预计前来的俄国使臣会议划定两国疆界。雍正严厉指出："此事隆科多非不能办者，伊若实心任事，恩盖前愆，朕必宽宥其罪，若心怀叵测，思欲愤事，所定边界，不合机宜，于策妄阿喇布坦、鄂（俄）罗斯地方生事，朕必将伊治罪。"

而后，又命刑部审问隆科多的家仆王五、牛伦。他们供出了隆接受年羹尧、满保等多人礼物的情形。二月，隆科多奏称："臣等验看宁夏贺兰山前，摇汉拖辉至石嘴子等处宽阔一百里，旷野而平，其土肥润，秆种俱皆发生，其地尚暖，易于引水……若修造渠坝及放水之闸，两岸可以耕种万顷地亩。"议政王大臣奏交大理寺卿通智同岳钟琪商酌办理，谕从其议。随后，兵民前往开垦，并在新开发区设立新渠县。

这说明隆科多在遭到遣戍之后，依然忠于朝廷。五月，礼部侍郎查嗣庭因文字狱被戮尸枭示，隆科多以荐举罪受到牵连，但"每奉密旨诘问，俱不吐实"。与此同时，雍正还谴责隆科多和允禩的同伙阿灵阿、揆叙等人互相党附，邀结人心。八月，隆科多同散秩大臣四格在恰克图与沙俄代表萨瓦·务拉底恩拉维茨会面。在谈判中，他能坚持正确立场，坚决要求沙皇政府归还被其侵占的中国大片领土。

雍正五年（公元 1727 年），宗人府参劾辅国公阿布兰私将皇室玉牒缮本交给隆科多，收藏在家。阿布兰被革去公爵，并圈禁家中，旨令隆科多将情由回奏。六月，议政王大臣等议奏："隆科多私抄玉牒，存贮家中，及降旨询问，又不据实具奏，应俟办完俄罗斯疆界事件，将伊革职，拿问治罪。"雍正针对此事，怒斥隆科多说："从前差隆科多前去，并非不得其人，以其能办理而使之也。俄罗斯事件最易料理，特给伊效力之路，以赎罪耳。及隆科多去后，看其陈奏一应事件，不但不稍改伊之凶心逆行，且并不承认过失，而举动狂悖，全无愧惧，将朕降旨行文查问之事隐匿巧饰，无一诚实之语。伊既不实心效力，则留伊在彼，反致妄行搅扰，毫无裨益，可将隆科多调回，令其速来，未到京以前，尔等请旨，俄罗斯边疆等事，著克什图前往，与四格、图理琛办理。"旋以大不敬罪，革去隆科多一等公爵，命其弟庆复袭替。

十月，顺承郡王锡保等遵旨审奏隆科多罪案，列举他犯大不敬之罪有5，欺罔之罪有4，紊乱朝政之罪有3，奸党之罪有6，不法之罪有7，贪婪之罪有16，共计41条大罪。在大不敬的罪状中，除私抄私藏玉牒外，还说他把康熙赐给他的御书贴在厢房，视为玩具。又说皇上赏给他3000两银子，令他修理公主坟墓，但他拖至3年，竟然不修理。在欺罔罪状中，谈到他在康熙去世的那天，他并未在御榻前，亦未派出近御之人，但他却"诡称伊身曾带匕首，以防不测"，又"狂言妄奏，提督之权甚大，一呼可聚2万兵"。在祭祀时，他"做有刺客之状，故将坛庙桌下搜查"。在紊乱罪状中有：他在"皇上谒陵之日，妄奏诸王心变"，又"妄奏调取年羹尧来京，必生事端"，"妄奏举国之人，俱不可信"。在奸党罪状中，说他交结阿灵阿、揆叙以及保奏大逆之点嗣庭。在不法罪状中，说他"任吏部尚书时，所办铨选官员皆自称为佟选"，指控他纵容家人，勒索财物，包揽招摇，肆行无忌。在贪婪罪状中，列举了他接受贿赂的名单和银数，纳贿银多达50多万两。雍正览奏，谕诸王大臣等曰："隆科多所犯41款重罪，实不容诛。但皇考升遐之日，召朕之诸兄弟及隆科多入见，面降谕旨，以大统付朕，是大臣之内承旨者，唯隆科多一人。今因罪诛戮，虽于国法允当，而朕心则有所不忍。"在这种情况下，雍正免其正法，命于畅春园外附近造屋三间，把隆科多永远禁锢在那里，以恕背恩之罪。他的财产被全部用于抵赔追赃，长子岳兴阿被革职，次子玉柱被发往黑龙江当差。就这样，盛极一时的显宦之家，最终毁于一旦。隆科多悲愤至极，翌年死于禁所。

鄂尔泰：卿实为朕之知己

从对鄂尔泰的重用，可以看出雍正用人的不拘一格，因为在那个重"出身"的年代，举人的学历大概仅相当于现在的大专。但鄂尔泰很争气，他用自己的勤奋和能力证明了能力比学历更重要。

鄂尔泰，字毅庵，姓西林觉罗氏，满洲镶蓝旗人。康熙十九年（公元1680年）生。先人投归努尔哈赤，为世管佐领。祖父图彦突官至户部郎中，父亲鄂拜为国子祭酒。鄂尔泰6岁入学，攻读四书五经，8岁开始作文，练习书法，16岁应童子试，次年中秀才，19岁补廪膳生，次年中举，即进入仕途。

鄂尔泰官运的转机是在雍正帝即位之时。雍正元年（公元1723年）正月，他被任命为云南乡试副主考，五月，被越级提升为江苏布政使，成为地方大员。雍正三年又晋升为广西巡抚。在赴任途中，雍正帝觉得他仍可大用，改封为云南巡抚，管理云贵总督事，而名义上的云贵总督杨名时却只管理云南巡抚事。所以，鄂尔泰在西南开始官职虽为巡抚，而实际上行使着总督的职权。

鄂尔泰历任封疆大吏和宰辅，对农田水利一贯比较重视。在江苏布政使任上，察太湖水利，议修吴淞、白茆，因迅速离任而未得实现。雍正后期督巡陕甘时，规划屯田事宜，乾隆初年，巡视直隶河道，条奏开治之法。乾隆四年（公元1739年）阅视运河河道。鄂尔泰还在地方上推行耗羡归公等项政策，注意荒政、漕运。但是这些方面都没有做出明显成绩。他一生最有意义的政绩是在西南推行改土归流政策。

鄂尔泰作为封疆大吏和雍正帝的宠臣，还向朝廷贡献用人的意见。

他对于才与德、能力与职务等关系以及如何识别人的贤佞等问题上，提出他的见解与建议。有时，他就雍正帝的提问和观点而展开讨论，他们君臣之间的议论，虽然是从那个时代的现实出发的，但在今天看来，还是饶有趣味的，因为他们的对话很精彩，时时流露出真知灼见。

雍正四年八月，鄂尔泰在论用人的奏折中写道：

政有缓急难易，人有强柔短长，用违其才，虽能者亦难以自效，虽贤者抑或致误公；用当其可，即中人亦可以有为，即小人亦每能济事。因材、因地、因事、因时，必为官无弃人，斯政无废事。

他强调，用人一定要得当，什么职务、什么差事，用什么样的人，人职相当，就能发挥人的才能，该办的事情就能办好。人尽其才了，职务就没有虚设。一个人是有才能的，又是有操守的，可就是不适合担任那种职务，而非要派他去做，他的才德不但不能发挥出来，反倒会把事情耽误了，这样既毁了人，又坏了事。他认为任用官员要人才与职务相适合，最终目的是要把事情办好——"政无废事"，就能把国家治理好。这是他考虑用人问题的出发点。

鄂尔泰的奏议引起雍正帝的极大兴趣，随即在他的奏折上写出一篇议论：凡有才具之员，当惜之、教之。朕意虽魑魅魍魉，亦不能逃我范围，何惧之有？及至教而不听，有真凭实据时，处之以法，乃伊自取也，何碍乎？卿等封疆大臣，只以留神用力为要。庸碌安分、洁己沽名之人，驾驭虽然省力，唯恐误事。但用才情之人，要费心力，方可操纵。若无能大员，转不如用忠厚老成人，然亦不过得中医之法耳，究非尽人力听天之道也。

"用有才能的人"，这对于君主和大臣们来说，并没有异议。问题是有才能的人，可能有这样或那样的缺点，这样的人还可不可以用？用人者往往因此而不敢使用他们。雍正帝不这样认识问题，也不这样来处理对一个人的任免。他深知，有才能的人未免恃才傲物，看不起上司和同僚，从而与那些庸愚听话的人不同，不容易驾驭，但他认为不必惧怕他们，应当用心去掌握他们。在这里，尤需"惜之、教之"的思想，这是说人才难得，对已经涌现出来的干才，尽管他们有缺陷，也要爱惜，不能摧残。爱惜的方法之一，是对他们加强教育，帮助他们改正过失，以利充分发挥他们的才智。

鄂尔泰见到朱批后，具折陈述自己的意见：

可信、不可信原俱在人，而能用、不能用则实由己。忠厚老成而略无才具者，可信而不可用；聪明才智而动出范围者，可用而不可信。朝廷设官分职，原以济事，非为众人藏身地，但能济事，俱属可用，虽小人亦当惜之、教之；但不能济事，俱属无用，即善人亦当移之、置之。他认为，国家设官定职，出发点是为了办好事，不是为用人，尤其不是为养闲人，谁能把事情办好就应当用谁，而不必管他是君子，抑或是小人。在这个前提下，对于有缺陷的能人加强教育，对不能办事的善人，或调换职务，或离职赋闲，让出缺位给有能力的人来干。他进一步说明和发展了雍正帝的使用有才能的人的思想主张，雍正帝看后大为欣赏，称赞他的说理"实可开拓人的胸襟"。

归结起来，鄂尔泰与雍正帝的用人思想，第一个共同点是，以能力为旨归，大胆使用人才，而对有德无才的人，尽管可以信任，但不可重用，以免妨碍政事。在对德和才的要求上，他们把才摆在了第一位。第二个共同点是，对有缺点的人才，不因有才而放纵，而是加强对他的教育与管束，使他的才能发挥出来，防止他品德的缺陷败坏政事。第三，这样的用人原则是为办好国事，有利于国事者即任用，无利者不管他有什么值得重视之处，也不给予官职。国事第一，这个用人原则实有高明之处，处在封建时代的这对君臣，把社稷利益放在首位，而不是首先考虑同个人的关系、个人的好恶，实在是难能可贵的。对于人才"惜之、教之"的方针，是让人才从自身的负担中解脱出来，更好地施展他的才能，只有宽阔胸怀的政治家，才能具有这样了不起的思想和方针。就这一点而言，鄂尔泰可以进入政治家的行列了。

雍正朝被表彰实心办事、认真提参属员的督抚，有豫抚田文镜、晋抚诺岷、鲁抚塞楞额、浙抚李卫、粤抚杨文乾、赣抚迈柱，当然还有云贵总督鄂尔泰。鄂尔泰基于他对属员的了解，提拔了一批人，也参劾了一些人，大体上做到知人善任。雍正帝对鄂尔泰说："卿之识人，实越常人。"又说："卿之识人感人，朕实信及。"雍正帝在这方面对鄂尔泰的评价，反映了鄂尔泰善于识别人才的实际。鄂尔泰有着可贵的用人思想，并知人善任，正是这个原因，促成了改土归流事业的成功。

鄂尔泰的发迹，在于巧遇雍正帝，这种君臣际合，又同他的性格、智识密切相关。

鄂尔泰自20岁中举，即被召为侍卫。他的为政行事可以归结为两条，一是信奉和讲求忠孝。雍正二年，他因侄子鄂昌、鄂敏同时中举，训诫他们说："吾家世德相承，延及后裔，唯忠孝二字，永矢终身，是所望耳。"以忠孝教子侄，亦以此自励。二是讲求实学治国。鄂尔泰在江苏布政使任上，对于士子，总觉着他们只会做八股文，而"实学尚少"，因而在考时文之外，加试古文辞。与士人交游，"辄与论经史，谈经济"。这两条，即忠君作为做人的根本，讲实学作为从政的指导思想。

鄂尔泰与雍正帝的最初接触，是在康熙年间任内务府员外郎时。那时作为雍亲王的雍正要求鄂尔泰为其办理分外之事，鄂尔泰以"皇子宜毓德春华，不可交结外臣"，加以拒绝。据记载，有一个暴戾的郡王，强命鄂尔泰替他办事，鄂尔泰不从，郡王将杖责之，他却说"士可杀，不可辱"，迫使郡王向他谢过。鄂尔泰守着一项原则：忠于国君，忠于职守，不趋炎附势，不畏强暴，哪怕危害自己也在所不惜。他有着刚正不阿的性格。雍正虽然碰过他的钉子，但认识到这是忠君的品质，对皇帝的统治有好处，所以即位之后，不但不记他的仇，反而鼓励他、称赞他："汝以郎官之微，而敢上拒皇子，其守法甚坚，今命汝为大臣，必不受他人之请托也"，鄂尔泰以正直守职而得到皇帝的赏识，被越级提拔为江苏布政使。

鄂尔泰受知于雍正帝，后来关系发展，如同家人父子、如同朋友。雍正帝不只是给他加官晋爵，和他讨论政事，斟酌用人，对他的恩赐也是少有的，诸如赐福字，追封三代，还特加优遇，与众不同。比如，雍正帝50大寿，群臣举觞庆祝，雍正帝未见到在昆明的鄂尔泰，心中不悦，特拣果饼四盘，专程送往云南，并说："朕亲尝食物寄来卿食，此如同君臣面宴会也。"鄂尔泰因而感到"受恩至此，无可名言，天地神明，实鉴实察"。雍正帝在鄂尔泰的奏折上答道，他默祝"上苍厚土、圣祖神明，令我鄂尔泰多福多寿多男子，平安如意"。后来，鄂尔泰奏称，到云南后连得2子，已有5个儿子了，感谢皇上的祝愿和赐福。雍正帝回称，他的祝祷出于至诚，"今多子之愿既应，其他上苍必赐如意也"。鄂尔泰在西南期间，雍正帝对他的赏赐几乎无月无之，《襄勤伯鄂文端公年谱》对此种恩荣详加记叙，触目皆是。更有甚者，雍正帝不顾君臣之体，称鄂尔泰为朋友。雍正五年，鄂尔泰奏称他劝导新任云南巡抚朱纲如何忠诚于皇帝，雍正帝阅后批答道：

朕含泪观之，卿实为朕之知己。卿若见不透，信不及，亦不能如此行，亦不敢如此行也，朕实嘉悦而庆幸焉。

是年有所谓黄河清祥瑞，内外群臣上表称贺，其中鄂尔泰、杨名时的贺表不合规式，通政司照例题参，雍正帝却只让议处杨名时，而不及鄂尔泰，同一时间发生的同一性质的错误，何以有迥然不同的处理？雍正帝的解释是："鄂尔泰公忠体国"，是"纯臣"，"求之史册亦不多觏"，故不忍以小节而加处分，而杨名时"毫无亲君爱国之心，与鄂尔泰相去霄壤"，不能因宽待鄂尔泰而及于杨名时，所以仍对杨议处。可见，雍正帝偏袒鄂尔泰，已到了强词夺理的程度。

鄂尔泰的亲属亦得到雍正帝的特殊恩惠。鄂尔泰的长子鄂容，雍正帝在他中举后引见时赐名鄂容安，于雍正十一年（公元 1734 年）庶吉士未散馆时，被破例用为军机章京，"欲造就成材"。鄂尔泰的五弟鄂尔奇康熙间为编修，雍正帝因其兄而垂爱之，用为户部尚书兼步军统领，使之成为亲信大臣。鄂昌是鄂尔泰的长兄之子，雍正六年以举人而为户部主事，数年之间，历道员、布政使，至巡抚，飞黄腾达。然其为官"贪纵"，并非杰出人才。鄂尔泰的三兄鄂临泰之女，经雍正帝指婚，配给怡亲王允祥之子弘晈，日后成为王妃。

鄂尔泰对雍正帝的感恩图报，也出乎常人。雍正五年五月，鄂尔泰得到雍正帝赐物，写奏谢折说他的心情："自念遭逢，虽义属君臣，实恩同父子，泪从中来，不禁复做儿女态。"同年九月的奏折又讲："（皇上）爱臣谆笃，臣之慈父；勉臣深切，臣之严师。"一再讲他们君臣的关系如同父子、如同师生，显见君臣关系之深。

鄂尔泰的趋奉雍正帝，更表现在他违心地助长雍正帝搞祥瑞。雍正帝崇信祥瑞，鄂尔泰则投其所好，每每以报祯祥取悦雍正帝。他频频奏称云贵出现诸如嘉禾、瑞鹤、卿云、醴泉等。雍正六年十二月鄂尔泰奏报：万寿节那一天，云南 4 府 3 县地方，出现"五色卿云，光灿捧日"，次日"绚烂倍常"。雍正七年闰七月，鄂尔泰又奏报，贵州思州和古州在一个月内祥云连续 7 次出现。有的官员不赞成鄂尔泰这样献媚，大理县刘知县说，我怎么看不到卿云啊，莫非是眼里眯了沙子？雍正帝很不满意这些说风凉话的官员，他说像鄂尔泰这样的督抚陈奏祥瑞，是出于强烈的爱君之心。雍正帝为支持鄂尔泰，即以卿云之报而给云贵官员普遍加官晋爵，鄂尔泰由头等轻车都尉授三等男爵，云南提督郝玉麟从云骑尉晋为骑都尉，其他巡抚、提督、总兵各加二级，知县、千总以上俱加一级。

　　鄂尔泰报"卿云"之前，曾静投书案发生。曾静指责雍正帝是谋父、逼母、弑兄、屠弟的大逆不孝的人，而古来传说，"卿云"现是天子孝的表现，鄂尔泰特意说是"皇上大孝格天"所致，歌颂雍正帝是大孝子，道德上没有缺陷。曾静投书案是一场政治斗争，鄂尔泰则以报"卿云"支持雍正帝，希望皇帝取得政治上的主动。这实际是一种政治行动。鄂尔泰本人也知道祥瑞之说的荒诞，对奚落他的大理县刘知县不但不记仇，反而嘉许他的公直，向雍正帝推荐他。他不惜毁坏自己的名誉，假造祥瑞，为在政治上支持雍正帝，可见他的忠君之心。

　　乾隆帝即位后，鄂尔泰仍然高官厚禄，但君臣关系远不如前朝。特别是鄂尔泰与另一大学士张廷玉不和，各自引"门下士互相推奉，渐至分朋引类，阴为角斗"。鄂、张本在一室办公，面和心非，往往整天不说一句话，鄂尔泰有过失，张廷玉辄加讥讽，使鄂尔泰无地自容。他们的纷争，为乾隆帝所不能容忍。乾隆七年（公元 1742 年），鄂尔泰的门生、左副都御史仲永檀向鄂容安泄漏密奏留中事，狱兴，乾隆帝指责他"依附师门，有所论劾，无不豫先商酌，暗结党援，排挤异己"，将之囚禁致死，并革鄂容安职。对鄂尔泰虽无惩处，但下吏部议，以示警诫。

乾隆二十年（公元 1756 年），内阁学士胡中藻《坚磨生集》案发，胡诛死，与其唱和的鄂昌被株连自尽。胡中藻亦是鄂尔泰门人，乾隆帝指责鄂尔泰搞朋党，说如"鄂尔泰犹在，当治其植党之罪"。所以鄂尔泰晚年，君臣关系平常，致贻身后之咎。总起来说，鄂尔泰基本上实现了忠君思想，以此为雍正帝所知遇，晚年培植私人势力，"忠"上的缺陷，导致君臣关系大不如前。忠君在封建的道德观念中是最高的原则，是大节，鄂尔泰对于雍正帝是紧紧地把握了这一点，在大节上成了完人，就站住了脚，而且青云直上。注意大是大非，抓大事，鄂尔泰深知其中三昧，他说过："大事不可糊涂，小事不可不糊涂。若小事不糊涂，则大事必致糊涂矣。"他认识得很深刻，乃至同他有门户之见的张廷玉也说："斯言最有味，宜静思之。"表示佩服。清末钟琦在引述鄂尔泰这段话时，赞扬说："文端识量渊宏，规划久远，此数语大有阅历。"识大局，顾大体，是鄂尔泰一生的长处，虽然晚节有疵，但不影响他的大节。

乾隆十年（公元 1745 年）鄂尔泰病逝，终年 66 岁。乾隆帝亲临丧所致祭，谥文端，配享太庙，入祀京师贤良祠。11 年之后的乾隆二十年（公元 1755 年），因其侄鄂昌与门生胡中藻之狱，被撤出贤良祠。